VOYAGE

DE

LL. MM. L'EMPEREUR ET L'IMPÉRATRICE

PARIS. — TYPOGRAPHIE COSSON ET COMP.,
Rue du Four-St-Germain, 43

VOYAGE

DE LL. MM.

L'EMPEREUR

ET

L'IMPÉRATRICE

Dans les départements du sud-est,

DE LA SAVOIE, DE LA CORSE ET DE L'ALGÉRIE

ORNÉ DE GRAVURES.

PARIS

RENAULT ET Cⁱᵉ, LIBRAIRES-ÉDITEURS,

RUE D'ULM, 48

1860

Le *Pays* est, parmi les journaux de Paris, celui qui a fourni le plus de détails sur le voyage de l'Empereur. Nous devons à l'obligeance de cette feuille, une grande partie de ceux que nous offrons à nos lecteurs.

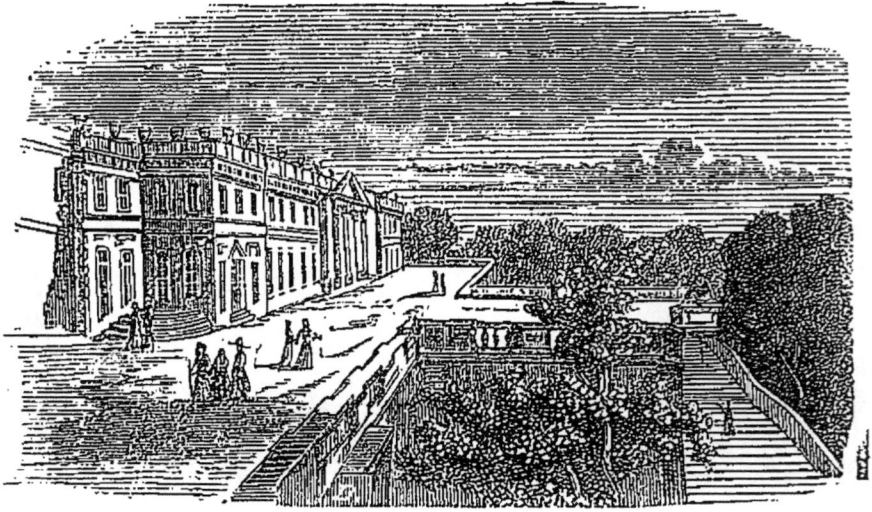

VOYAGE

DE

LL. MM. L'EMPEREUR ET L'IMPÉRATRICE.

I

Départ de Saint-Cloud. — Arrivée à Dijon. — Adresse présentée par les ouvriers. — Arc de triomphe en ceps de vigne. — Statue de Buffon. — Le vin d'honneur. — Départ de Dijon.

Le 23 août, l'Empereur et l'Impératrice partirent de Saint-Cloud, à neuf heures du matin, par le chemin de ceinture.

LL. MM. étaient accompagnées: l'Empereur, par le général de
division Le Bœuf, aide de camp, le général Fleury, premier
écuyer, aide de camp, M. le vicomte de Laferrière, chambel-
an, les capitaines baron Klein de Kleinenberg, marquis de
Galliffet, officiers d'ordonnance, par son premier médecin, le
docteur Conneau, et par le comte de Castelbajac, écuyer.
L'Impératrice : par Mmes la comtesse de la Poèze, de Sancy,
comtesse de Rayneval, dames du palais, et par M. le marquis
de Lagrange, écuyer.

S. Exc. le maréchal comte Vaillant, grand maréchal du
palais, et S. Exc. le maréchal duc de Malakoff, venu à Saint-
Cloud pour faire ses adieux à l'Empereur, ont conduit Leurs
Majestés jusqu'au train impérial.

A Montbard, S. Exc. le maréchal Canrobert, qui était venu
au-devant de Leurs Majestés à la limite de son commandement, est monté dans le train impérial, ainsi que le général

de division Faucheux. Leurs Majestés sont arrivées à Dijon à quatre heures. Elles ont été reçues à la gare par les premières autorités du département et par le maire, qui a présenté à l'Empereur les mêmes clefs de la ville offertes à Louis XIV en 1683. La porte d'entrée monumentale de Dijon était décorée d'attributs et de trophées d'armes. Toutes les maisons étaient pavoisées jusqu'au palais des États, sur la place d'armes, tout entière entourée de banderoles, guirlandes, fleurs et drapeaux. Au milieu de la place, sur un piédestal improvisé, on avait placé la statue de Buffon, la plus grande illustration scientifique du département, d'après le modèle de la statue de Dumont, qui se trouve sur une des places de Montbard. En sortant de la place, le cortége impérial passa sous un arc de triomphe de verdure, exclusivement formé de ceps de vigne. Plus de quatre mille ceps avaient été employés pour cet arc de triomphe, symbolisant si heureusement la principale richesse du département.

A la porte de la cathédrale, magnifiquement décorée, l'Empereur était attendu par Mgr l'évêque, à la tête de son clergé. Dans son discours, Mgr Rivet a exprimé à Leurs Majestés ses souhaits de bienvenue, auxquels l'Empereur a répondu par quelques paroles de remerciment. De la cathédrale, Leurs Majestés se sont rendues à la préfecture, au milieu d'un grand concours de populations venues de tous les points du département, et sur tout le parcours elles ont pu juger des sentiments patriotiques et dévoués qui animent le département de la Côte-d'Or. Le temps, qui était pluvieux, s'est remis au beau comme par enchantement, et semblait ainsi justifier une fois de plus cette croyance populaire : que le soleil est l'astre de Napoléon.

Le soir, il y eut grand diner à la Préfecture et bal offert par la Ville à Leurs Majestés dans l'ancien palais des ducs de Bourgogne.

C'est à ce banquet que le *vin d'honneur* a été présenté à Leurs Majestés par la Société vinicole de Beaune. Cette ancienne coutume du temps des ducs de Bourgogne a été heureusement remise en vigueur, à l'arrivée de Leurs Majestés :

Jadis, lorsque quelque puissant souverain daignait visiter la capitale de la Bourgogne, il était d'usage que le vicomte mayeur et les échevins de la ville offrissent à leur auguste visiteur un cadeau municipal, le vin d'honneur, comme on l'appelait. La dernière fois que cette vieille coutume fut mise en pratique, ce fut en l'honneur de Louis XIV, le 5 juin 1683; le don se composait de 22 cimaises (vases en étain) de vins des crus de Talant et de Chenôve, et de 22 boîtes de confitures, don quelque peu mesquin, si on le compare au vin d'honneur offert aujourd'hui par l'association vinicole commerciale de l'arrondissement de Beaune.

A l'occasion du voyage de Leurs Majestés, l'industrie vinicole a eu l'heureuse idée de ressusciter ce vieil usage, et l'association de l'arrondissement de Beaune s'est offerte, au lieu et place des mayeurs et échevins, pour présenter le vin d'honneur à Leurs Majestés, non comme cadeau municipal cette fois, mais comme témoignage de reconnaissance à l'Empereur qui vient d'ouvrir un débouché si important et si précieux à cette branche de la richesse nationale par le traité de commerce du 5 janvier. Ce don tout patriotique a été offert au nom de la région vinicole bourguignonne entière, et se compose, non plus de produits des crus de Chenôve et de Talant, mais d'échantillons rares et précieux des meilleures années et des climats les plus renommés de nos contrées, contenus dans un coffre d'une grande richesse et d'une grande simplicité tout à la fois. L'énumération des vins offerts est

AMEDEE·ROUSSEAU·

1.

assez intéressante pour que nous ne la passions pas sous silence :

Une bouteille Corton 1784.
Deux bouteilles Corton 1822.
Deux bouteilles Corton 1825.
Trois bouteilles Beaune 1832.
Deux bouteilles Clos-Vougeot 1834.
Deux bouteilles Volnay 1834.
Trois bouteilles Vosne 1834.
Deux bouteilles Romanée-Conty 1834.
Trois bouteilles Montrachet 1834.
Quatre bouteilles Clos-Vougeot 1842.
Trois bouteilles Richebourg 1842.
Deux bouteilles Musigny 1842.
Deux bouteilles Chambertin 1846.
Quatre bouteilles Musigny 1846.
Quatre bouteilles Saint-Georges 1846.
Deux bouteilles Bonnes-Mares 1846.
Deux bouteilles Clos-du-Roy 1846.
Deux bouteilles Tache 1846.
Deux bouteilles Romanée mousseux 1819,
Une bouteille Nuits mousseux 1858.
Deux bouteilles Bourgogne mousseux gelé.

Messieurs les membres de l'association ont présenté à Leurs Majestés les clefs d'or de ce coffre, dépositaire de tant de richesses vinicoles, et la carte des vins qu'il renferme. Mais avec les vins que nous venons d'énumérer, un panier d'autres bouteilles (Montrachet, Clos-Vougeot, Richebourg, Tache et Volnay) contenait les échantillons des produits de nos coteaux qui devaient figurer à la table impériale, dans le dîner qui allait suivre l'arrivée de Leurs Majestés.

Un arc de triomphe élevé par les ouvriers de la ville de Dijon avec le produit d'une souscription qui avait été ouverte parmi eux portait sur le fronton les mots :

Les ouvriers de Dijon ,
A l'Empereur et à l'Impératrice !

Toutes les listes de souscription, contenant plus de quatre mille signatures, ont été réunies, et forment un gros volume relié en maroquin rouge, aux armes impériales.

En tête de ce volume figure l'adresse suivante à Sa Majesté l'Impératrice :

« Sire, Madame,

« A peine ont-ils connu officiellement l'arrivée de Vos Augustes Majestés, les ouvriers de la ville de Dijon ont conçu le désir d'élever sur leur passage un arc de triomphe comme témoignage de leur profonde reconnaissance pour la bienveillante sollicitude dont ils ont toujours été l'objet.

« A cet effet, ils ont ouvert une souscription dont le taux est modeste, mais dont l'élan, accompagné du désir de mettre sous vos yeux les noms des souscripteurs, vous prouvera combien le cœur du peuple dijonnais vous est et vous sera toujours dévoué.

« Vive l'Empereur ! Vive l'Impératrice ! »

Le 24 au matin, l'Empereur, après avoir visité quelques établissements importants, passé la revue des troupes en garnison à Dijon, quitta la ville au milieu de l'enthousiasme général. S. M. l'Impératrice avait été l'objet de l'admiration de tous. Un seul cri unanime et vrai s'échappait de toutes les bouches : « Elle est aussi belle que bonne. »

Le départ de Dijon eut lieu à une heure de l'après-midi.
Le convoi impérial s'arrêta quelques instants à Mâcon, où
Leurs Majestés reçurent les félicitations de la municipalité, et
une députation de jeunes filles du pays revêtues du costume
provincial auxquelles l'Impératrice a fait l'accueil le plus bien-
veillant. A Châlon, les ouvriers du Creusot, au nombre d'environ 4,000, ont présenté leurs respectueux hommages à
Leurs Majestés.

L'IMPÉRATRICE TRAVAILLANT AU MÉTIER.

II

L'entrée de Leurs Majestés à Lyon, le 24 au soir, a été l'un des épisodes les plus remarquables du voyage. La seconde capitale de l'Empire pouvait seule, en effet, après Paris, offrir le spectacle imposant d'une pareille réception. La ville de Lyon s'est surpassée dans cette patriotique manifestation. Jamais on n'a vu un enthousiasme plus grand, plus vrai, plus sympathique. L'Impératrice surtout fut l'objet du plus touchant, du plus respectueux empressement de la part de la population lyonnaise. Il n'y eut qu'un seul cri dans la foule, c'était un cri d'admiration. « Comme elle est belle ! disait-on de toutes parts sur son passage, comme elle simple, comme elle a l'air doux et affectueux! »

La salle d'attente avait été décorée de drapeaux tricolores, de trophées, de massifs et de guirlandes de verdure. La gare elle-même était pavoisée, et des tapis avaient été tendus sur le passage des augustes voyageurs. Dans cette salle se trouvaient réunis les autorités et les corps constitués, à l'exception de S. Exc. le maréchal de Castellane, qui avait été au-devant du convoi impérial jusqu'à la limite de son commandement, et de M. le sénateur Vaïsse, qui avait été l'attendre à celle du département.

A l'entrée, un fauteuil avait été réservé à S. Em. le cardinal de Bonald, en grand costume, revêtu de ses insignes honorifiques qu'il porte rarement, et accompagné de ses grands vicaires généraux, MM. Pagnon et Beaujolin.

Le conseil municipal de Lyon, ayant à sa tête M. Devienne, son président, se tenait au-devant de la porte d'entrée, prêt à recevoir LL. MM. à la sortie du wagon impérial.

A l'intérieur de la salle se trouvaient la députation du Rhône, la magistrature en costume officiel de ville, le tribunal de commerce en robe, le conseil général du département et les autres corps constitués; les membres des consistoires protestant et israélite. Tout autour étaient dressées des estrades pour les dames munies de billets.

En dehors et dans le voisinage de la gare on voyait groupée toute la cavalerie de l'armée de Lyon. L'infanterie formait al haie de chaque côté à l'intérieur même de la gare. Le double rang de fantassins reprenait sur l'esplanade et se prolongeait jusqu'à l'hôtel de ville, en suivant l'itinéaire fixé par le programme, savoir : la place Napoléon, la rue de Bourbon, la droite de la place Bellecour et la rue Impériale. Sur le cours Napoléon, sur la place du même nom et sur tout le parcours du cortége, la foule était énorme et formait un épais cordon difficilement contenu par la troupe de ligne. Presque toutes les fenêtres et l s balcons se trouvaient pavoisés, du rez-de-chaussée aux étages supérieurs. Sur différents points même on avait improvisé des échafaudages en planches au-devant et à l'intérieur des magasins, et des groupes y avaient pris place. Depuis la gare de Perrache jusqu'à l'hôtel de ville, on aurait eu de la peine à trouver une croisée qui ne fût garnie de spectateurs et de spectatrices. Quelques curieux intrépides s'étaient même juchés jusque sur les toits.

L'arrivée du train impérial était attendue à cinq heures précises. Mais, par suite de circonstances imprévues, cette heure a été dépassée, et les autorités ont été averties de ce retard par plusieurs dépêches successives. Enfin, à six heures vingt minutes, les salves tirées par le fort Saint-Just ont signalé l'approche du convoi impérial, qui en ce moment pénétrait dans le tunnel Saint-Irénée. A six heures vingt-cinq minutes, il entrait dans la gare de Perrache, aux détonations de l'artillerie, aux cris mille fois répétés de *Vive l'Empereur!* et *Vive l'Impératrice!* poussés par la foule et par la troupe de ligne. A la descente du wagon impérial, LL. MM. ont été reçues par le conseil municipal et complimentées par son président. Les clefs de la ville leur ont été présentées sur un plat d'argent.

L'Empereur, en costume d'officier général, est entré dans la salle d'attente, donnant le bras à l'Impératrice. Il a salué l'assistance et a serré la main à S. Em. le cardinal de Bonald. Sans s'arrêter, il s'est dirigé immédiatement vers l'esplanade et a pris place dans une calèche découverte à quatre chevaux S. M. occupait le fond de la voiture à droite, ayant à sa gauche l'Impératrice Eugénie, vêtue d'une robe de soie fond blanc à carreaux, coiffée d'un chapeau de paille avec garniture mauve, et enveloppée d'un cachemire. En face ont pris place le maréchal de Castellane et le général Fleury.

Le cortége s'est mis en marche dans l'ordre suivant : Un détachement de gendarmerie à cheval, un escadron de dra-

gons, les voitures de la cour, au nombre de trois, y compris
celle de LL. MM., vingt-cinq cent-gardes en grande tenue,
M. le sénateur Vaïsse en calèche découverte, et les voitures
du conseil municipal, des corps constitués, et celles de la suite
de l'Empereur. Sur tout le parcours du cortége impérial, depuis la gare jusqu'à l'hôtel de ville, LL. MM. ont été saluées
des plus chaleureuses acclamations, et la foule a été particulièrement charmée de la grâce avec laquelle S. M. l'Impératrice Eugénie répondait aux nombreux et enthousiastes vivats
par lesquels elle était accueillie, et aux témoignages de sympathie qu'elle recevait plus particulièrement des dames, qui
la saluaient en agitant leurs mouchoirs. A sept heures, le
cortége impérial, après avoir parcouru au pas la distance qui
sépare la gare de l'hôtel de ville, faisait son entrée dans la
cour intérieure de cet édifice, en traversant la foule compacte massée sur la place de la Comédie, et LL. MM. pouvaient se reposer des fatigues et des émotions de la journée
dans les somptueux appartements que la prévoyance de l'é-
dilité lyonnaise leur a préparés.

A l'approche de la nuit, la ville s'est illuminée et n'a pas
tardé à présenter dans quelques parties un coup d'œil vraiment magique. La rue Impériale tout entière parée de guirlandes, de bannières, se croisant dans tous les sens, et dont
la succession formait comme une voûte de feu ; les pyramides
enflammées de la place Impériale, surtout les deux portiques,
dont l'un encadrait la statue équestre de Louis XIV, sur la
place Bellecour, et l'autre correspondant aux deux façades,
étaient d'un effet merveilleux.

En dehors de ces splendeurs officielles, les illuminations
particulières étaient très-nombreuses. Plusieurs d'entre elles,
grâce aux nouveaux appareils à gaz, présentaient des dispo-
sitions à la fois ingénieuses et élégantes. On distinguait entre
autres celles du Grand-Théâtre et des magasins de *la Ville de
Lyon*, de la plupart des cafés de la rue Impériale, de la place

des Terreaux, de celle des Célestins. Sur les quais de la Saône, on remarquait l'illumination du nouveau grand séminaire, qui, par son élévation et ses vastes proportions, présentait un fort bel aspect. La Compagnie des eaux avait réservé à la population une surprise tout à fait inattendue ; la haute tour en fonte qu'elle a fait élever sur le coteau de Montessuy était illuminée de la base au sommet, et produisait un effet féerique. L'illumination de la place des Terreaux, et surtout celle de l'hôtel de ville, dont toute l'architecture, du rez-de-chaussée au couronnement, était dessinée en traits de feu, méritait une mention toute spéciale au milieu des merveilles de cette soirée. Des musiques militaires réunies au centre de cette place ont exécuté des morceaux d'harmonie.

Une foule immense, qu'on peut évaluer hardiment à plus de 100,000 âmes, s'était concentrée, pendant toute la soirée, dans l'espace circonscrit entre la place de Bellecour, celle des Terreaux et les quais du Rhône et de la Saône, et a pu y circuler sinon sans peine, au moins sans accident, grâce aux précautions prises dans ce but. Sur la place de la Comédie, en face des fenêtres de l'appartement impérial, une masse compacte n'a cessé de stationner depuis sept heures jusqu'à dix heures du soir, appelant par ses cris impatients les hôtes augustes de la ville de Lyon.

A huit heures, LL. MM., cédant au désir manifesté par la foule, ont bien voulu se montrer par une fenêtre de l'hôtel de ville ; elles ont été saluées par les acclamations et les hourras enthousiastes de 10,000 spectateurs.

Le 25, à une heure, l'Empereur et l'Impératrice, accompagnés de S. Exc. le maréchal comte de Castellane et de M. Vaïsse, sénateur, sont allés en grand cortége recevoir au palais des Arts toutes les autorités du département. LL. MM. se sont rendues ensuite au palais du Commerce pour présider à son inauguration. Elles ont été reçues par M. Brosset, président de la Chambre de commerce, qui, au nom de ses

Notre-Dame de Fourvières.

collègues, a adressé à l'Empereur une allocution. Les nobles paroles de l'Empereur ont été accueillies avec un chaleureux enthousiasme par l'assistance entière, représentant l'élite du monde industriel de la ville de Lyon, et, lorsque ensuite l'Empereur a décoré de sa main les représentants les plus éminents de l'intelligence comme du travail, il a été facile de reconnaître, aux applaudissements unanimes qui ont éclaté, combien le sentiment public s'associait à ces choix.

Après cette solennité, LL. MM. sont montées dans les galeries supérieures du palais, où elles ont trouvé une exposition de tissus de soie et de mousseline préparée par la Chambre de commerce de Lyon et la Chambre consultative de Tarare : les plus beaux de ces tissus ont été, selon la tradition, offerts par les deux chambres à S. M. l'Impératrice. LL. MM. ont examiné ensuite longuement et avec une attention qui a touché vivement les chefs de métiers et les spectateurs les dix ateliers de soieries disposés pour reproduire dans tous leurs détails les procédés des divers fabricants.

Du palais du Commerce, LL. MM. ont été visiter l'Hôtel-Dieu, qui est le principal hospice, puis elles ont parcouru la ville en différents sens pour se rendre compte des travaux en cours d'exécution, et elles sont enfin rentrées à leur résidence après avoir traversé le nouveau parc de la Tête-d'Or. Le soir, un grand bal a été donné à l'hôtel de ville. Comme la veille, les rues et les maisons étaient pavoisées. Une foule immense stationnait dans les rues, sur les places, aux abords de la résidence impériale. Les acclamations ne cessaient de retentir. Lyon continuait sa magnifique réception de la veille.

A Lyon, l'Empereur a reçu l'adresse suivante :

« Sire,

« J'ai l'honneur de présenter à Votre Majesté les hommages respectueux de la ville de Besançon.

« Le conseil municipal a voté une adresse par laquelle il

priait Votre Majesté de visiter la ville. La réponse a été négative. Je suis chargé de renouveler la demande pour l'époque du retour de Votre Majesté. Si cela est impossible, comme je le crains, je supplie Votre Majesté de nous accorder une promesse pour l'année prochaine. Jusque-là nous vivrions d'espérance.

« Les habitants de Besançon désirent vivement avoir l'occasion de manifester leur attachement pour Votre Majesté et leur dévouement pour votre dynastie.

« Le maire de Besançon. »

La visite de l'Empereur et de l'Impératrice à Notre-Dame de Fourvières, ce pèlerinage, au milieu de tout un peuple, a offert un des plus beaux et des plus pittoresques spectacles que l'imagination puisse rêver. C'était à la fois religieux et national. Cette matinée en l'honneur de la patronne de Lyon restera une des pages les plus intéressantes de la légende lyonnaise.

En voyant passer l'Impératrice, si douce et si belle, une femme du peuple a fait entendre ces mots naïfs et charmants.
« Mais c'est Notre-Dame de Fourvières elle-même! »

Il serait difficile de peindre l'empressement et l'ardent enthousiasme qui a éclaté pendant que l'Empereur passait une revue place Louis-le-Grand. La vaste place était encombrée et les maisons tellement remplies jusqu'aux toits qu'on ne voyait point où aurait pu tenir une tête de plus. Quand l'Empereur a paru, un cri est sorti de toutes les poitrines, et l'acclamation a recommencé avec la même puissance, quand l'Impératrice est venue prendre place dans la tribune qui lui était préparée, et qui était un trône; on eût dit que les nobles pensées et les généreux sentiments, tant admirés dans les discours prononcés la veille, avaient passé dans l'âme de tout le peuple. Lyon n'avait qu'une âme, et elle était à son souverain.

L'Empereur et l'Impératrice passèrent aussi la revue des vétérans, en adressant à plusieurs d'entre eux des paroles affectueuses. Lorsqu'ils arrivèrent à l'extrémité de la première colonne, un vieux médaillé de Sainte-Hélène, M. Gonon, ex-sergent major, présenta à l'Empereur un bouquet de violettes en lui disant :

« Sire,

« Les grenadiers de l'île d'Elbe présentèrent à S. M. l'Empereur Napoléon Ier, à l'île d'Elbe, en 1815, un bouquet de violettes qu'il accepta, et on le nomma *Papa la Violette n° 1*, surnom qu'il agréa de grand cœur. Aujourd'hui, Sire, ce sont les vieux médaillés de Sainte-Hélène qui ont l'honneur de vous présenter ce bouquet, et vous prient de l'accepter et de leur permettre de vous appeler *Papa la Violette n° 2*. »

L'Empereur répondit à ce petit discours de la manière la plus flatteuse pour le vieux grognard.

Après la revue, Leurs Majestés se sont rendues à la Croix-Rousse, et cette promenade a été un long triomphe.

Dans la ville on avait affiché l'arrêté suivant :

PRÉFECTURE DU RHONE.

Affranchissement des ponts sur le Rhône.

S. M. l'Empereur, voulant que son passage à Lyon soit marqué par le souvenir d'un nouveau bienfait pour la population de cette ville, a ordonné, par décret du 25 août 1860, que les ponts sur le Rhône seraient immédiatement affranchis, et qu'il serait pourvu à la dépense du rachat et de l'entretien de ces ponts au moyen d'une subvention de l'État, jusqu'au moment où la ville, ayant payé entièrement ce qu'elle doit, pour son concours aux frais des travaux concernant les inondations, pourra faire face à cette dépense par ses propres ressources.

« En conséquence, à partir de la publication du présent avis, le péage sur les ponts du Rhône est supprimé.

« Vive l'Empereur ! vive l'Impératrice, vive le Prince impérial !

« Le sénateur chargé de l'administration du département du Rhône.

« VAÏSSE. »

A peine l'affiche était-elle placardée dans les rues que des groupes se formèrent instantanément, et, tant était grande la joie générale, un grand nombre de ces braves gens se mirent à danser en rond en criant : Vive l'Empereur ! Il est bon de dire que tous les ponts du Rhône, à l'exception d'un seul, étaient soumis à cet impôt ennuyeux pour la bourgeoisie, mais très-onéreux pour les ouvriers qui, pour s'en affranchir, étaient forcés de faire de longs détours afin d'aller gagner le pont affranchi du péage. Il faut renoncer à donner une idée de l'impression que la visite de l'Empereur et de l'Impératrice aux ateliers de la Croix Rousse produisit parmi la population ouvrière de ce quartier : ce n'était plus de l'enthousiasme, c'était du délire.

Arrivés à la hauteur des ateliers de MM. Grand frères, Leurs Majestés s'arrêtèrent. C'était le but assigné d'avance à cette excursion impériale. L'Empereur et l'Impératrice descendirent de voiture et s'aventurèrent dans les escaliers humides qui mènent à ces palais un peu noirs de la plus splendide et de la plus riche de nos industries. C'est chez MM. Grand, en effet, que se tissent, sur les indications et les dessins de l'Impératrice, les étoffes destinées aux petits appartements des Tuileries. Sa Majesté fut priée, comme elle l'avait été la veille à l'Exposition des arts, de vouloir bien s'approcher d'un gigantesque métier à tisser : le battant lui fut remis, et, pendant quelques minutes, la souveraine honora le travail manuel en le pratiquant elle-même. Rien de plus touchant que cet épisode. On aimait à voir ces mains souveraines pousser d'abord le rude battant, et plus tard froisser joyeusement, tout en les examinant avec soin, les diverses étoffes que l'on mettait sous ses yeux ; on prenait plaisir à entendre cette douce voix présentant, avec l'autorité d'un goût suprême, les observations les plus fines et les plus justes.

La ville de Lyon, de son côté, heureuse et fière de cette sollicitude, avait songé à faire revivre un des plus gracieux des anciens usages, en offrant à l'Impératrice une corbeille de tous les chefs-d'œuvre de sa grande industrie.

A leur sortie des ateliers, Leurs Majestés trouvèrent les jeunes garçons des différentes écoles, tous en uniforme : une modeste blouse bleue, avec ceinturon noir, et tenant à la main une petite lance ornée d'un drapeau tricolore. Les adieux furent aussi chaleureux que l'avait été l'accueil, et le cortége impérial était depuis longtemps sur la route du camp de Sathonay, que le cri national s'échappait encore de quarante mille poitrines.

Le 27 au matin, S. M. l'Impératrice, accompagnée de M. Vaïsse, sénateur, de madame la comtesse de Rayneval et de M. le marquis de Lagrange, son écuyer, a été visiter les salles d'asile.

. Sa Majesté a laissé de nombreux témoignages de sa bonté inépuisable et de cette charité gracieuse qui sait, partout où elle se produit, rehausser le prix de ses bienfaits.

Le soir, la ville entière était illuminée : les quartiers les plus riches, malgré le luxe et la magnificence de leurs décorations, n'éclipsaient point tout à fait les humbles faubourgs. La mansarde rivalisait avec le palais, et les feux du gaz ne faisaient point pâlir la timide lumière du pauvre.

En résumé, l'arrivée de l'Empereur et l'Impératrice à Lyon a donné lieu à la plus magnifique ovation qu'un souverain ait jamais reçue. L'enthousiasme éclatait sous toutes les formes, et ceux qui ont été témoins à Paris du départ de Napoléon III pour la campagne d'Italie auraient pu seuls se faire une idée exacte de ce que présentait, en cette circonstance, l'aspect de Lyon.

D'abord le soleil, et un soleil splendide, s'est joint, dès le premier jour, au cortége de Leurs Majestés. Après deux mois et demi de pluie presque continuelle, l'été était arrivé à point, et, en courtisan habile, il déployait toutes ses magnificences. Dans un groupe d'ouvriers qui attendaient, depuis le matin, le passage de l'Empereur et de l'Impératrice, a tout à coup éclaté (que le peuple a d'à-propos!) ce refrain des *Souvenirs du Peuple*, de Béranger :

> Chacun disait : quel beau temps!
> Le ciel toujours le protége.

Et en entendant, non sans émotion, ce refrain d'une chanson qui se retrouve si vrai à cinquante ans de date, on s'est demandé si, dans cet incident qui semblait futile et dû au hasard, il ne fallait pas voir un des signes nombreux et profonds qui font de la légende napoléonienne la véritable tradition nationale.

Leurs Majestés sont parties de Lyon, accompaguées des acclamations qui les avaient suivies pendant tout le temps de leur séjour. A Ambérieux, elles ont reçu les autorités du département de l'Ain. Les populations nombreuses accourues de bien loin sur le passage de Leurs Majestés, semblaient être jalouses de rivaliser d'empressement et de marques de dévouement. A trois heures, l'Empereur et l'Impératrice sont arrivés à Chambéry, où les attendait l'accueil le plus démonstratif et le plus chaleureux.

———

Chambéry.

III

Parti de Lyon le 27 à midi, le train impérial était arrivé à
Culoz à une heure. La gare, les campagnes environnantes
jusqu'au railway, tout était envahi par la foule en habits de
fête. Les ifs, les fleurs, les sapins enrubannés, les drapeaux
tricolores s'enlaçaient et s'entre-croisaient. Rien de plus pittoresque.

Les paysans attendaient l'Empereur, non plus avec l'enthousiasme seulement, mais avec l'ardeur de gens qui en
espèrent la vie et la prospérité. A Châtillon, sur le lac du

Bourget, à Choudy, à Voglano, mêmes scènes, mêmes attendrissements. Sur tout le parcours, les arbres portaient des drapeaux tricolores, les poteaux indicateurs en portaient, les bornes en portaient, les mottes de terre, pourvu qu'elles fussent un peu grosses, en portaient au beau milieu.

Le train impérial parut à 3 heures 20 minutes à la gare de Chambéry. Toutes les autorités civiles, militaires et judiciaires, se pressaient comme de coutume au devant de Leurs Majestés pour les complimenter. L'Empereur répondit au maire, qui lui offrait les clefs de la ville, qu'il était heureux de venir en Savoie ; qu'il connaissait les sentiments des Savoisiens, et qu'il était certain de retrouver pour lui et pour sa dynastie la fidélité, le dévouement que les populations savoisiennes avaient de tout temps montrés pour leurs princes ; qu'il ferait ce qu'il pourrait pour rendre les nouvelles provinces françaises aussi prospères que les autres départements.

En sortant de la gare, Leurs Majestés passèrent sous un premier arc de triomphe de verdure d'un effet très-pittoresque, car la décoration de Chambéry était l'œuvre de la population seule. Aucun entrepreneur de décorations officielles n'avait passé par là, c'est ce qui en faisait l'originalité saisissante. Les branches feuillues, du buis, du sapin et du chêne, et quelques fleurs agrestes, en faisaient presque tous les frais. Mais avec quelle habileté on avait su en tirer parti ! quelle patience, quel soin on avait apporté dans cette mise en scène où chacun avait fourni sa branche ! Non seulement chaque rue avait son arc de triomphe particulier, mais chaque maison avait sa décoration spéciale. En entrant dans la ville on eût cru marcher dans une avenue de verdure et de fleurs. Les maisons disparaissaient littéralement sous les fleurs.

Une inscription caractéristique, placée à l'entrée de la ville et portant ce mot seul et ces chiffres : OUI, 150,000, résumait la pensée de Chambéry au sujet de l'annexion.

Au sortir de la gare, le cortége impérial se rendit à l'église métropolitaine.

Après un *Te Deum* en musique exécuté par des artistes de Chambéry, Leurs Majestés se dirigèrent vers le château, ancienne résidence des gouverneurs de la Savoie. Ce château, qui domine la ville, a un aspect monumental imposant. Une grande tour carrée, surmontée de mâchecoulis et dominée par une tourelle, atteste l'antiquité de son origine.

A l'arrivée de Leurs Majestés au château, une députation de jeunes filles vint offrir à l'Impératrice un bouquet de fleurs, et lui adressa un compliment. Leurs Majestés vinrent ensuite se placer sur une estrade élevée devant le perron du château, pour assister au défilé des diverses communes du département de la Savoie. Les députations de ces communes venaient la plupart de très-loin ; elles avaient toutes leurs bannières ; on reconnaissait à leur costume et leur bâton ferré les habitants de la Maurienne et du Faucigny, arrivés pendant la nuit en nombre considérable. Tous ces braves gens, dont la plupart avaient bivouaqué sur la place publique, étaient pleins d'enthousiasme. Des médailles de Sainte-Hélène brillaient sur un grand nombre de poitrines. Les vieux soldats du premier Empire étaient très nombreux. On vit longtemps dans cette partie des Alpes ; ces missionnaires de la foi napoléonienne ont conservé et propagé parmi les leurs, au milieu de leurs montagnes neigeuses, le culte et les traditions du premier Empire : aussi, quand le vote de l'annexion a eu lieu, toutes ces communes ont voté d'une voix unanime ; le nom de Napoléon avait servi de mot de ralliement.

A huit heures, il y eut grand dîner au château. Le temps, qui avait été couvert toute la journée et qui s'était éclairci comme par enchantement à l'arrivée du train impérial, était devenu pluvieux à la fin de la journée et a empêché Leurs Majestés de se promener dans la ville, comme elles l'avaient résolu. L'illumination de la ville tout entière offrait un coup d'œil magique.

Le 29, les augustes voyageurs partirent de Chambéry à dix heures du matin. Sur la route, ils s'arrêtèrent à Aix-les-Bains, où on avait fait de grands et beaux préparatifs pour les recevoir. D'Aix Leurs Majestés se rendirent à Annecy par Albens, Saint-Félix et Alby. Partout elles trouvèrent les populations accourues en grand nombre pour les acclamer ; partout des arcs de triomphe, des trophées, des drapeaux.

La route d'Aix à Annecy est une des plus pittoresques qu'on puisse imaginer. Les Alpes s'y développent en collines, en ravins, en accidents de terrain variés à l'infini et qui offrent à chaque instant un panorama nouveau. C'est d'Alby à Annecy surtout que se développe ce magnifique spectacle. Alby est situé au fond d'une gorge creusée par les eaux du Chiran. On aperçoit à droite des ruines de fortifications d'un aspect imposant. Après avoir traversé le Chiran sur un pont de pierre d'une seule arche et d'une belle architecture, on gravit la côte opposée du ravin et on descend enfin vers Annecy, où l'on arrive par une avenue de plus de deux kilomètres. L'Empereur, en apercevant le magnifique coup d'œil que présente de ce point la ville d'Annecy, s'écria : « Oh ! quel beau pays ! » Le coup d'œil était en effet admirable : la grande avenue qui conduit à Annecy et de laquelle on aperçoit la ville tout entière jusqu'au lac était pavoisée de drapeaux et de guirlandes de fleurs. A l'entrée de la ville s'élevait un arc de triomphe d'un aspect monumental.

Une partie de la population d'Annecy s'était portée à la rencontre de l'Empereur bien avant dans l'avenue. Là étaient rangées les députations des communes avec leurs drapeaux, les vieux militaires de l'Empire, les enfants des écoles, etc. A l'entrée de l'arc de triomphe, le maire d'Annecy, M. Levet, a présenté à l'Empereur les clefs de la ville.

Après le *Te Deum* à la cathédrale, eurent lieu, comme de

coutume, les réceptions officielles. A sept heures, il y eut un grand dîner à l'évêché; à neuf heures, Leurs Majestés firent

Château d'Annecy.

une promenade sur le lac. Le spectacle dépassait tout ce qu'elles avaient vu jusqu'alors. Il est impossible de rêver une

telle féerie, si l'on n'y a pas assisté. Le lac d'Annecy a 14 kilos
mètres de longueur sur 3 kilomètres de largeur ; il est élevé
de 448 mètres au-dessus du niveau de la mer, et sa plus
grande profondeur est de 62 mètres. Les rives sont couvertes
de prairies et de vignobles parsemés d'élégantes villas et de
villages d'un aspect pittoresque Tout ce paysage est encadré
par les montagnes bleues des Alpes, dont les cimes s'élèvent
au-dessus des nues La ville d'Annecy est située à l'extrémité
du lac. Trois canaux y conduisent les eaux et la sillonnent
en tous sens. Maintenant, qu'on se figure ces canaux, ce lac
dans toute son étendue, couverts d'illuminations qui s'y reflètent à l'infini, comme les étoiles dans une belle nuit d'été ;
qu'on se figure d'élégantes gondoles pavoisées et décorées de
lanternes vénitiennes de toutes couleurs sillonnant le lac au
son des fanfares harmonieuses ; puis, sur les cimes des montagnes qui entourent le lac, à des hauteurs prodigieuses, un
nombre infini de feux de joie dont les flammes se reflètent
également dans le lac en y projetant leur lueur, et l'on aura à
peine une idée du merveilleux spectacle qui s'offre aux r -
gards. Les feux de joie ne formaient pas la partie la moins pittoresque de cette splendide illumination; quelques-uns étaient
placés à plus de 2,000 mètres de hauteur sur des cimes où
l'herbe ne croît plus et où il avait fallu deux heures pour
apporter la pyramide de bois qui devait former le feu. Tout
autour de là, sur les rives, brillaient six autres feux de joie
d'une élévation de 30 mètres de hauteur. C'étaient des espèces
de tours de forme carrée dont l'incendie dura deux heures au
moins. A tous ces feux il faut ajouter des feux de Bengale
flottant sur l'eau et disposés de la façon la plus ingénieuse.

Il était neuf heures quand Leurs Majestés arrivèrent sur les
bords du lac, où une gondole de la forme la plus élégante
avait été préparée pour les recevoir. Le programme portait
qu'elles ne resteraient que 20 minutes sur le lac et f raient
seulement le tour du bassin principal. Mais en voyant ce mer-

veilleux spectacle, Leurs Majestés prolongèrent de deux heures
leur promenade sur le lac et ne rentrèrent à l'évêché qu'à
11 heures 1/2 du soir. La foule qui couvrait les rives sur une
étendue de plusieurs kilomètres ne cessait, pendant la promenade de la gondole impériale, de faire entendre les cris de :
Vive l'Empereur! vive l'Impératrice!

Le 31 août, à 9 heures, les augustes voyageurs quittaient
Annecy, en poste, pour se rendre à Thonon, où ils arrivèrent
à 3 heures. Sur toute la route étaient dressés des arcs de
triomphe avec des inscriptions qui témoignaient, par leur ingénieuse et affectueuse recherche, des sentiments de conten-
tement, de sympathie de tous les habitants des montagnes.

IV

Arrivée à Thonon. — Excursion sur le lac. — Le château de Ripaille.
— Départ. — La vallée de Sallanches. — Arrivée à Sallanches. —
Orages, pluies, débordements, inondations. — Le mont Blanc. — Ses
glaciers. — Arrivée à Chamounix.

Thonon, sous préfecture nouvellement créée du département
de la Haute-Savoie, est l'ancienne capitale du Chablais et la
résidence des comtes et ducs de Savoie. Cette ville est située
sur la rive méridionale du lac Léman, dans une des positions
les plus heureuses qu'on puisse voir.

C'est à Thonon qu'eut lieu, au commencement d'avril, au
moment où l'annexion à la France allait être votée, une espèce
de tentative faite par quelques Suisses pour soulever la ville
contre la France. Un bateau à vapeur arrivant de la rive suisse
et portant cent vingt hommes vint stationner vis-à-vis de

l'hôtel de ville dans une attitude menaçante. Quelques hommes descendirent et essayèrent de soulever la population. Mais, aux premiers cris qu'ils proférèrent, ils furent repoussés et se rembarquèrent précipitamment. Thonon, plus que toute autre ville de la Savoie, devait désirer et désirait l'annexion.

Abandonnée depuis de longues années à ses propres ressources, elle voyait prospérer autour d'elle toutes les villes du littoral suisse, faute, d'une part, de voies de communication suffisantes, et elle restait dans la stagnation. Un des premiers actes de l'Empereur, depuis l'annexion, a été de décréte l'établissement d'un port à Thonon, sur le lac Léman ; l'amélioration du pont d'Évian; l'amélioration du flottage de la Drause et de ses affluents. En outre, l'Empereur a décrété l'établissement de plusieurs routes impériales conduisant à Thonon, etc. Aussi l'arrivée dans les murs de Thonon de Leurs Majestés était attendue avec la plus grande impatience par les habitants, désireux de leur témoigner leur vive reconnaissance.

Au milieu des montagnes des Alpes, sur les lieux les plus isolés, dans des hameaux composés de quelques rares maisons, on apercevait des arcs de triomphe rustiques, et sur quelques points les sapins surmontés de petits drapeaux, sur une étendue de plus d'un kilomètre. C'était l'œuvre de vieux militaires de l'Empire résidant sur les points perdus des Alpes.

La ville de Thonon avait fait tous les frais possibles de décoration pour bien recevoir Leurs Majestés. Les appartements des augustes voyageurs étaient décorés avec une élégance toute parisienne. Partout des fleurs, partout des tentures, des broderies, des meubles d'un choix irréprochable. Dans la galerie on avait placé une exposition de l'industrie locale, qui consiste en broderies, dentelles, stores, rideaux, dans le genre de celles qui font la fortune et la renommée de Saint-Gall. Dans la chambre de l'Empereur, figurait, comme orne-

ment du lit, un aigle venant du musée de Lausanne et qui
avait décoré le lit de Napoléon Ier.

Thonon compte, comme tous les pays de la Savoie, un
grand nombre d'anciens militaires du premier Empire. Cette
ville a donné à la France trois généraux : le général Desaix,
un divisionnaire de la grande armée; Chastel et Dupas.

A Thonon, Leurs Majestés, comme de coutume, reçurent les
harangues du monde officiel et se reposèrent un instant des
fatigues du long traj t en poste. En attendant, les habitants
e préparaient à leur faire, comme à Annecy, les honneurs
de leur lac. Sur la place qui domine le Léman on avait élevé
une tente d'où l'on apercevait presque tous les points du littoral du Léman. Deux bateaux à vapeur mis à la disposition
e la commission municipale stationnaient sous les murs de
Thonon. Toutes les barques, tous les bateaux de pêcheur de
la ville avaient été également offerts à la commission pour
cette fête, et disposés de manière à figurer les dimensions
t la forme du nouveau port projeté. Tous les navires étaient
pavoisés. Depuis la veille, des bateaux à vapeur pavoisés sil-
lonnaient le lac venant de la rive suisse et amenaient inces-
samment des voyageurs.

Les arcs de triomphe de verdure et de fleurs étaient nombreux dans la ville. L'un d'eux portait cette inscription : *Nos
cœurs vont où coulent nos rivières*. En effet, tout est français,
le langage, le costume, les usages, à l'exception de la monnaie,
encore savoisienne et fort laide.

Leurs Majestés, à peine descendues à l'hôtel de la sous-
préfecture devancèrent le programme, et allèrent faire une
promenade sur le lac et visiter la rive devenue française.
L'Empereur examina le plan du port décrété et s'entretint
avec l'ingénieur chargé des travaux.

Le vapeur impérial quitta le port de Thonon aux cris de :
« Vive l'Empereur! Vive l'Impératrice! » et s'avança jusqu'à
Évian, une des plus jolies villes des rives du Léman. Leurs
Majestés visitèrent en passant le château de Ripaille, résidence

du duc Victor-Amédée VIII de Savoie, qui prit le froc et mourut en 1431, dans un couvent qu'il avait fondé dans le voisinage. Il ne reste presque plus rien de l'ancien château; le couvent lui-même est converti en ferme, et l'église est devenue une grange. Mais la situation est si admirablement choisie, que ce qui subsiste encore de Ripaille produit, vu du lac, un coup d'œil des plus pittoresques. Arrivé devant Évian, le bateau à vapeur vira de bord et reprit le chemin de Thonon. On avait pensé que Leurs Majestés iraient visiter cette jolie petite ville, dont le port est compris dans les améliorations qu'on va faire à Thonon. Les habitants avaient fait aussi tous les préparatifs possibles pour bien recevoir de tels hôtes L'établissement des bains, dont le jardin s'élève en terrasse et domine la ville, était couvert de pavois qui s'apercevaient de loin sur le lac et se détachaient très nettement sur le fond bleu des Alpes. Leurs Majestés rentrèrent à Thonon à cinq heures. Le soir, il y eut dîner officiel à la sous-préfecture. A huit heures, Leurs Majestés vinrent sur la place où une tente avait été élevée, et purent jouir du coup d'œil des illuminations de la ville et du port; tous les bateaux, ornés de verres de couleur, formaient des lignes de feu et permettaient d'embrasser très-distinctement les dimensions et la forme du port projeté. Les rives du lac étaient remplies d'une foule immense. Les paysans des villages voisins étaient accourus pour assister à cette fête. Les musiques des montagnards, très-bien organisées, faisaient entendre des airs nationaux d'une mélodie très-originale. A l'arrivée de Leurs Majestés sur la place, le coup d'œil était magnifique : après l'illumination du lac d'Annecy, à un signal donné quarante ballons s'élevèrent dans l'air, et le feu d'artifice commença. L'Empereur et l'Impératrice restèrent assez longtemps à jouir de ce spectacle, dont la nature faisait la plus grande partie de la mise en scène. Les acclamations, les vivats de la foule ne cessèrent de se faire entendre sur le passage de Leurs Majestés.

Le lendemain, 1er septembre, à neuf heures du matin, les augustes voyageurs partirent de Thonon pour se rendre à Sallanches, en vue du mont Blanc, dont les neiges éblouissantes se dessinent si nettement qu'on s'en croirait tout près, quoiqu'on en soit encore à 16 kilom. de distance. Sallanches est situé dans une des vallées les plus pittoresques des Alpes. La route, depuis Thonon, offre une suite de panoramas et de points de vue magnifiques. A mesure qu'on avance vers les Alpes, le paysage s'embellit et l'on marche de surprise en surprise. Le premier village sur la route est Annemasse ; à droite on aperçoit les quatre tours du château de l'Étrambière, et à gauche Mornex. Dans le fond se dresse la pyramide du Môle, dont la hauteur est de 5,800 pieds. Plus loin, sur un haut rocher en saillie, on voit les deux tours en ruine de l'ancien château de Faucigny, qui a donné son nom à la province. A Bonneville la vallée commence à se resserrer, et l'on marche entre les deux versants des Alpes couverts d'arbres fruitiers, de vignes, et d'une féconde et puissante végétation. Sur le flanc de ces montagnes et s'étageant jusqu'au sommet, on aperçoit de charmantes villas perchées comme des nids d'aigle, et l'on se demande comment les habitants peuvent arriver jusqu'à ces demeures, tant les pentes sont abruptes. Toutes ces villas, tous ces villages, tous ces hameaux s'étaient mis en frais pour le passage de Leurs Majestés. Là encore on rencontrait à chaque pas des arcs de triomphe de verdure, des drapeaux, des guirlandes de fleurs. Jamais dans ce pays on n'avait vu un pareil entraînement.

A partir de Cluses, on s'engage dans une gorge étroite et profonde et l'on suit les rives de l'Arve, petite rivière dont les inondations causent de fréquents ravages dans ces contrées. Une colonne a été élevée à Bonneville au roi Charles Félix de Sardaigne en commémoration des travaux qu'il avait fait exécuter pour prévenir les inondations de l'Arve. La colonne est restée debout, mais les travaux ont été en partie détruits, et l'Arve a continué jusqu'à ce jour de faire aux habitants de la vallée de désastreuses surprises.

A l'entrée du petit village de Saint-Martin, d'où pour la première fois on aperçoit le mont Blanc, on lisait sur un arc de triomphe cette inscription :

Magna magnis

Des Alpes aux Pyrénées.

Telle est la route parcourue par Leurs Majestés au milieu de l'empressement et de l'enthousiasme des populations. A neuf heures, elles arrivèrent à Sallanches. Le maire et le conseil municipal vinrent les recevoir.

La municipalité de cette petite ville avait fait tout ce qu'il lui était possible avec les ressources du pays pour installer le moins mal possible ses hôtes illustres. L'hôtel de ville était transformé en résidence impériale, et cette demeure improvisée était, comparativement, remarquable pour une ville aussi peu importante. Le programme de la réception de Leurs Majestés à Sallanches était fort simple. Réception des autorités. Visite à la chapelle de l'*Immaculée-Conception*, élevée sur le versant de la montagne, en face du pont de l'Arve. Dîner et feux d'artifice.

L'enthousiasme populaire donna à ce programme un attrait dépassant celui des pompes les plus brillantes.

Au moment où Leurs Majestés faisaient leur entrée à Sallanches, la pluie avait commencé à tomber, pluie torrentielle qui ne cessa pas depuis, ce qui rendait plus difficile l'excursion projetée à la mer de glace. Tous les torrents étaient débordés, et la route difficile en tout temps et en plusieurs endroits très-dangereuse, est tout à fait impraticable par les temps de pluie. Cependant, depuis trois semaines des ingénieurs avaient été envoyés de Paris, ainsi que des conducteurs des ponts et chaussées, et l'on avait fait des travaux

Ascension aux Grands-Mulets.

Descente à travers un couloir de neige à Planpras.

considérables. Des rampes en bois avaient été placées sur les points les plus dangereux. Un pont avait été jeté sur le torrent Noir, et l'on avait élargi la route en plusieurs endroits ; mais pour arriver de Sallanches à Chamounix, il faut gravir les pentes très-escarpées de Chède et du Servoz. La moyenne largeur de la route est de deux mètres cinquante centimètres ; elle est bordée de précipices à droite et à gauche, et formée de débris de silex détachés des rochers et entraînés par les torrents. Au delà de Servoz on passe la Diosa, qui sort du mont Buet avec une impétuosité effrayante et dont on entend le bouillonnement du fond de la vallée. De Pussoz à Chamounix on traverse encore sur des planches mal assujetties trois autres torrents, et en plusieurs endroits la route surplombe la vallée et offre des dangers réels. Aussi, pour le voyage de Leurs Majestés, on avait dû renoncer à se servir des voitures impériales et des fourgons. On avait fait construire ou louer des voitures spéciales, attelées avec des chevaux du pays, et conduits par les conducteurs et les guides de Sallanches. Les travaux exécutés depuis trois semaines avaient un peu amélioré ce chemin, au profond étonnement des habitants de la vallée : car, depuis 1815, le gouvernement sarde n'avait pas fait pour ce malheureux pays autant de travaux que l'administration française en a fait en quelques jours.

En voyant le mauvais temps, les habitants de la vallée de Chamounix étaient dans la désolation, tant ils craignaient que le débordement des torrents n'empêchât Leurs Majestés d'arriver. Parties de Sallanches à six heures du soir, les personnes attachées au service de l'Empereur atteignirent Servoz, à mi chemin de Chamounix, après quatre heures de voyage et des difficultés inouïes. La nuit était si noire que les guides ne retrouvaient pas leur chemin ; la pluie tombait à torrents ; les éclairs, illuminant la scène, montraient à droite et à gauche d'affreux précipices ; on entendait au fond des gouffres le mugissement des torrents, et on n'osait faire un pas en avant, de peur de tomber dans quelque ravin. A Servoz, il fallait traverser un torrent, le Nant Noir ou Nant de Nayera. On avait fait construire un pont pour le passage de l'Empereur, mais ce pont était barré, et les nombreux ouvriers qui y travaillaient, même pendant la nuit, avaient été forcés d'aller se mettre à l'abri de l'orage. Il fallut donc traverser le torrent à pied avec de l'eau jusqu'aux épaules. Enfin on arriva à Servoz.

Le matin à cinq heures, les personnes qui précédaient l'Empereur reprirent leur marche vers Chamounix au milieu de la pluie et des torrents. On était vraiment effrayé en voyant l'état des routes, même depuis les travaux qu'on y faisait, et notamment les rampes de bois de sapin placées sur les endroits les plus dangereux. Au Nant Jartan, le premier torrent, la population entière, hommes, femmes, enfants, était occupée à réparer les dégâts de l'inondation, on jetait des arbres et des pierres dans le lit du torrent pour remplacer ceux qui avaient été emportés, et bientôt les visiteurs purent franchir ce thalweg improvisé.

Au Bourgeat, où se trouve un torrent plus profond, la population était occupée, comme au Jartan, à rendre le passage possible aux piétons et aux voitures. Après avoir traversé l'arête escarpée des Montets, on entre dans la vallée de Chamounix. Arrivé sur la hauteur, on a tout près de soi l'énorme masse du mont Blanc. Goethe, qui visita la vallée en 1779, en parle ainsi : « Il faisait nuit, nous approchions de la vallée de Chamounix ; enfin nous y entrâmes : nous ne voyions que les grandes masses, les étoiles se levaient l'une après l'autre, et nous remarquions à droite, par-dessus les cimes des montagnes, une lueur que nous ne pouvions nous expliquer ; claire, sans éclat, comme une voie lactée ; elle attira longtemps notre attention, jusqu'à ce qu'enfin, par le changement de notre observation, elle prit la forme d'une pyramide reflétant une lueur qu'on ne peut comparer qu'à celle du ver luisant. C'était, à n'en pas douter, la cime du mont Blanc. »

Passage du mauvais Pas.

Ce qui frappe et saisit d'étonnement et d'admiration, c'est cette suite de montagnes neigeuses dont les flancs sont couverts de pins et peuplés de villages nombreux et de chalets de la forme la plus gracieuse. Ce sont ces immenses glaciers qui s'avancent jusqu'au pied de la route entre deux rochers parallèles et dont la blancheur éclatante forme, avec les arbres de la forêt, le plus saisissant contraste qu'on puisse voir.

Le premier glacier qu'on aperçoit ainsi, avant d'entrer dans la vallée de Chamounix, est celui des Bossons, dont la cime se perd dans les nuages et qui vient finir en ligne droite au pied de la vallée. La vallée de Chamounix a 28 kilomètres de long. Elle s'étend du nord au sud et a la forme d'une coupe évasée depuis l'Arve jusqu'aux montagnes où elle est adossée. La paroi orientale, de laquelle descendent les glaciers, est formée par le mont Blanc et par la masse des glaces comblant les vastes espaces qui la séparent des pics neigeux.

Sur tous les points de cette route, à Chède, à Servoz, à Oucby, les habitants attendaient l'Empereur avec impatience et faisaient depuis plusieurs jours des préparatifs de décoration. Ainsi, depuis Sallanches, on rencontrait à chaque pas, même dans les endroits isolés, des arcs de triomphe de verdure, des fleurs placées sur la cime des sapins. A Chamounix la décoration était plus splendide : un magnifique arc de triomphe s'élevait à l'entrée. Toutes les rues étaient ornées, et tous les paysans de la vallée étaient là avec des rubans ou des fleurs à la boutonnière.

Le 2 septembre, l'Empereur s'était levé à cinq heures et était descendu le premier au salon. L'Impératrice n'avait pas tardé à l'y rejoindre et, à six heures, Leurs Majestés entendaient la messe dans l'église de Sallanches. A sept heures tout était prêt pour le départ, mais les nouvelles de l'orage, reçues dans la nuit, étaient désolantes. Depuis Sallanches jusqu'à Bonneville, l'Arve était débordé et avait causé beaucoup de ravages. Trois personnes, entre autres un maire de

Bonneville, avaient été emportées par l'inondation. En présence de ces désastres, on avait fait observer à l'Empereur qu'il serait peut-être imprudent de tenter le voyage de Chamounix, mais il avait persisté dans sa résolution, et Leurs Majestés étaient parties à sept heures du matin. Avant de quitter la ville, l'Empereur avait remis au maire 25,000 fr. pour réparer les quais, 1,000 fr. pour chacun des établissements de bienfaisance; et avait de plus accordé sur sa cassette particulière une pension de 1,200 fr. à l'école d'horlogerie de Sallanches. A huit heures et demie, le cortége impérial avait atteint Servoz et passé le torrent Noir sur un pont de bois terminé pendant la nuit.

Restaient deux torrents pour aller de Servoz à Chamounix. Arrivé devant le premier, le Nant Jartan, on trouva les habitants achevant de combler le lit, sous les ordres d'un conducteur des ponts et chaussées. La pluie avait diminué graduellement, le torrent était moins rapide. Le premier piqueur descendit pour s'assurer s'il n'y avait pas d'excavations; en même temps dix hommes des plus vigoureux, pris parmi les travailleurs, se mirent à l'eau du côté de l'abîme, pour soutenir la voiture en cas de danger. C'est ainsi que Leurs Majestés franchirent le premier torrent. Arrivé sur l'autre bord, l'Empereur distribua de bonnes récompenses à ces braves gens. Le second torrent, le Bourgeat, fut franchi de même, et l'on arriva enfin à Chamounix.

V

La pluie avait entièrement cessé; mais le soleil manquait au programme, et son absence ôtait au magnifique tableau que présente la vallée une partie de sa grandeur.

Chamounix est une ville charmante, bien bâtie; les étrangers y abondent, et en ce moment, il n'y avait pas moins de six cents touristes anglais.

Les augustes voyageurs descendirent à l'hôtel du Palais-

Royal, un grand chalet suisse adossé aux Alpes. Elles y reçurent les autorités de la ville et les députations des habitants de la vallée. Les vieux militaires du premier Empire étaient là, comme toujours.

L'Empereur descendit un moment dans la cour de l'hôtel où ils étaient réunis. La joie de ces vieux soldats était au comble.

— Ah! c'est notre Napoléon! disait l'un d'eux en versant des larmes.

C'était vraiment une scène touchante. Le programme portait que Leurs Majestés feraient une excursion à la mer de glace. On avait à cet effet préparé vingt-quatre mulets équipés et caparaçonnés en conséquence et accompagnés chacun d'un guide. Mais une reconnaissance fut faite au préalable, et il fut démontré que l'excursion n'était pas encore possible; la pluie avait détrempé les neiges à la surface; les mulets enfonçaient jusqu'au poitrail. Elle fut remise au lendemain, à cinq heures du matin.

Cependant, à quatre heures de l'après-midi, l'Impératrice sortit de l'hôtel du Palais-Royal pour aller visiter le glacier des Bossons, le premier qu'on rencontre en entrant dans la vallée de Chamounix. Sa Majesté était montée sur un mulet et escorté d'un guide, Auguste Balmer, un des hommes les plus expérimentés de la vallée. L'Impératrice portait un gracieux costume de cheval. Le général Lebœuf et une dame d'honneur accompagnaient seuls l'Impératrice. Lorsque Sa Majesté arriva devant le pont, la foule la reconnut et se précipita sur son passage, en lui donnant tous les témoignages de la plus respectueuse et de la plus sympathique admiration.

Le glacier des Bossons est celui qui pénètre le plus avant dans la vallée. Il est à peine à un kilomètre de la route; à côté, sur le versant de la montagne, se trouve le village de ce nom, placé au milieu d'un gigantesque berceau de verdure, et dont les maisons blanches, groupées de la façon la plus pittoresque, forment un paysage qui appelle le pinceau.

L'Impératrice s'avança sur les glaciers, mais la pluie en rendait l'accès difficile, et Sa Majesté, après avoir fait quelques pas au moyen du bâton ferré que lui avait donné le guide, dut renoncer à aller plus avant. D'ailleurs la pluie avait recommencé. Une voiture attendait Sa Majesté sur la route; elle y monta avec le général Lebœuf et les dames d'honneur qui l'accompagnaient, et elle rentra dans la ville, entourée de la foule qui l'avait suivie jusqu'à l'entrée des Bossons. L'Empereur ayant appris que la femme d'un malheureux guide qui avait péri il y a quinze jours dans une excursion sur les glaces était à Chamounix, l'envoya chercher et lui remit lui-même un secours.

Le soir, le village de Chamounix voulut, lui aussi, se transformer en ville et donner à l'accueil qu'il faisait à l'Empereur et à l'Impératrice le caractère d'une véritable réception. En effet, la place, toutes les maisons et les nombreux hôtels étaient brillamment illuminés; au-dessus de chaque porte, des transparents portaient les inscriptions patriotiques de *Vive l'Empereur! vive la Famille impériale! vive la France! vive l'annexion!* et un feu d'artifice vint couronner ces démonstrations sympathiques. Lorsque l'Empereur et l'Impératrice se mirent à leur balcon pour remercier les populations de l'affectueux témoignage dont ils étaient l'objet, ils furent accueillis par des acclamations enthousiastes, auxquelles se mêlèrent les hourras chaleureux et répétés des Anglais résidant en ce moment à Chamounix.

Le 3 septembre, à cinq heures et demie du matin, les voyageurs se mirent en route pour la mer de glace.

Le temps était tout à fait remis au beau, et le mont Blanc apparaissait dans toute son imposante grandeur. Leurs Majestés descendirent de mulet à Montauvert. Les personnes de leur suite en firent autant, et chacun, muni d'un bâton ferré et appuyé sur un guide, s'avança dans ce qu'on appelle la mer de glace. Il était neuf heures environ, la mer de glace est une vallée tout entière comblée par les neiges sur une étendue de huit kilomètres environ. Ces amas de glaces amoncelées présentent çà et là des déchirures profondes et des crevasses qui ne sont pas sans danger pour le visiteur. Leurs Majestés s'avancèrent dans les glaciers, et chacun en fit autant. Un photographe qui avait suivi l'excursion prit sur place plusieurs épisodes. Les augustes voyageurs paraissaient enchantés. Ils se sont entretenus avec plusieurs des personnes qui se trouvaient là, et, après une heure consacrée à cet intéressant voyage, Leurs Majestés ont donné le signal du départ. A Montanvert, on reprit des mulets, et à onze heures la caravane tout entière était rentrée à Chamounix.

A midi eut lieu le départ pour Bonneville. Les pluies torrentielles avaient fait déborder l'Arve, et la route départementale de Genève à Chamounix par Scionzier avait été inondée sur plusieurs points en amont de Bonneville. Force fut de prendre, à partir de Cluses, la route de la rive droite de la Rue, par Marignier.

En passant à Cluses, Leurs Majestés s'arrêtèrent à l'école d'horlogerie et la visitèrent dans le plus grand détail, témoignant ainsi de l'intérêt industriel qu'elles attachaient à la prospérité de cet établissement.

La ville de Bonneville avait aussi ses arcs de triomphe, ses maisons pavoisées et ses inscriptions. Mais ce qui faisait le côté original de la fête, c'est l'exhibition qu'elle avait préparée des produits de son industrie locale. Sept chars allégoriques avaient été disposés sur la place principale. Le premier représentait une vaste corbeille garnie de roses et de mousse, au milieu de laquelle apparaissait un groupe de jeunes filles de cinq à six ans, vêtues de blanc et portant des fleurs. Le deuxième char était consacré à la vigne ; il portait un tonneau de vin, produit du sol, orné de pampres et de raisins, et entouré de vendangeurs ; le trois·ème était le char de l'industrie forestière ; il était monté par des bûcherons, dans leur costume national ; le quatrième, consacré à l'industrie minière, était décoré des produits de la montagne, ardoises et minerai ; il portait des mineurs chargés de leurs outils de travail. Le cinquième contenait un bloc de marbre taillé provenant des carrières du pays et entouré d'ouvriers munis de leurs outils. Le sixième char portait une pyramide de fromages, l'une des grandes industries du pays. Il était entouré de fermiers et de fermières dans leur costume national. Ce char avait été disposé par le maire de Pouchy, lequel, ainsi qu'on l'a appris depuis, a péri dans l'inondation de la vallée. Le septième était le char de l'agriculture ; et, comme complément à cette exhibition, les chasseurs de chamois étaient descendus de la montagne et, réunis en groupes avec leurs carabines, leurs gourdes et leur costume de chasse d'une étrangeté pittoresque, ils devaient offrir à Leurs Majestés un magnifique daim tué la veille.

Ce programme fut malheureusement dérangé par l'inondation. Il en résulta qu'au lieu d'entrer par le pont Leurs Majestés arrivèrent par un des faubourgs opposés, et qu'il y eut un retard de plus de deux heures. Ce contre-temps n'avait pas diminué l'enthousiasme de ces braves gens. Ils acclamèrent Leurs Majestés avec une ardeur dont elles durent être touchées. Bonneville est une des villes de la Savoie où s'était conservé le plus vivement le souvenir de la France. Un fait historique avait contribué à entretenir cet attachement à l'ancienne patrie.

C'est à Bonneville qu'avait eu lieu en 1815, quelques jours après Waterloo, le dernier combat entre les Français et les Autrichiens venant de Genève pour envahir la France.

Les habitants de Bonneville avaient bravement combattu pour défendre le sol national, et, en souvenir de ce fait de guerre, plusieurs d'entre eux avaient conservé intactes depuis 1815, sur les murs de leurs maisons, les traces des boulets autrichiens et les boulets eux-mêmes incrustés avec cette inscription : 27 juillet 1815.

La proclamation suivante du maire était affichée sur les murs de la ville :

« Concitoyens,

« Après notre réunion à la France et notre vote unanime, nous éprouvions un désir bien naturel, c'était de voir de près celui qui, de loin, régnait déjà sur nos cœurs; notre espérance a été dépassée; à côté du digne héritier de la puissance et de la gloire de Napoléon Ier, nous avons le bonheur de voir et d'admirer la plus gracieuse des souveraines, la protectrice de toutes les infortunes, l'ange tutélaire de la France.

« Vive l'Empereur ! vive l'Impératrice ! »

Leurs Majestés arrivèrent à Chambéry le 4 septembre à trois heures. Elles se rendirent directement au château. Chambéry était le terme de l'excursion de Leurs Majestés dans la Savoie.

Partout où elles avaient passé, Leurs Majestés avaient pu se convaincre que l'annexion à la France était bien le vœu réel des habitants, et que quarante-cinq ans de séparation n'avaient changé ni leurs sentiments ni leur langage, qu'ils étaient restés Français par le cœur, par les habitudes et par leurs aspirations aujourd'hui réalisées.

Avant de quitter Chambéry, l'Empereur ordonna le rachat du pont de la Balme sur le Rhône, en face du fort de Pierre-Châtel. Sa Majesté exonéra en outre la ville de Chambéry d'une somme de 25,000 francs sur celles nécessaires pour l'appropriation des bâtiments du Lycée.

Le 5, à deux heures de l'après-midi, le cortége impérial arriva à Grenoble. On portait à 200,000 le nombre d'individus de tout rang et de tout sexe qui se pressaient pour acclamer l'Empereur. Le maire et le conseil municipal s'étaient rendus en dehors de la porte de Saint-Laurent, à la limite de la commune. Là s'élevait un bel arc de triomphe de style composite faisant face à la Savoie. Un aigle planait au-dessus, les ailes déployées, et portait en ses serres cette simple inscription :

A LEURS MAJESTÉS IMPÉRIALES.

Les principales autorités civiles et militaires s'étaient réunies au conseil municipal pour aller au-devant de Leurs Majestés. Une acclamation immense, qui couvrit les salves d'artillerie et le bruit des cloches sonnant à toute volée, annonça l'arrivée des augustes voyageurs.

Le maire de Grenoble présenta à l'Empereur les clefs de la ville et lui adressa un discours. L'Empereur répondit en quelques paroles; il dit que ce n'était pas sans émotion qu'il se retrouvait dans l'ancienne capitale du Dauphiné. Il ajouta qu'il n'avait point oublié que c'était à Grenoble qu'il avait entendu les premières acclamations en faveur du rétablissement de l'Empire. Les cris mille fois répétés de Vive l'Empereur! Vive l'Impératrice! Vive le Prince Impérial! éclatèrent de toutes parts, et c'est au milieu de ces acclamations non interrompues que Leurs Majestés firent leur entrée à Grenoble.

Le cortége impérial parcourut les principales rues de la ville pour se rendre à la cathédrale. En arrivant près de l'Arsenal, Leurs Majestés passèrent sous un arc de triomphe élevé par les soldats d'artillerie et entièrement composé d'armes de guerre. L'aigle qui surmontait ce magnifique trophée militaire était fait de lames de sabre; les lettres de l'inscription avec des chiens de fusil ; quatre canons formaient les colonnes, ces canons étaient : l'*Empereur*, le *Margrave*, le *Régulus*, le *Kœnisberg*. Sur le relief du piédestal, composé de mousquetons de cavalerie, étaient placés sept mortiers de

cuivre, fondus à Toulouse, au bas étaient des boulets super-
posés.

Le maréchal de Castellane, qui avait laissé Leurs Majestés à
Chambéry, vint les rejoindre. Il était dans la voiture impériale.
Arrivées devant la porte de l'église métropolitaine, Leurs Ma-
jestés furent reçues par trois évêques et un nombreux clergé.

L'évêque de Grenoble s'avança et adressa à Leurs Majestés
une touchante allocution, l'Empereur répondit quelques paroles, et le cortége impérial entra dans la basilique, où le chant
du *Te Deum* célébra la présence de Leurs Majestés. Leurs Majestés quittèrent la cathédrale pour se rendre à l'hôtel de la
préfecture au milieu des acclamations de la population, entre
une double haie de troupes, de sapeurs-pompiers et de députations des communes. Dans les rangs de cette utile milice
rurale, on remarquait des costumes très-pittoresques, notamment ceux des sapeurs-pompiers qui habitent les régions élevées des Alpes. Leur costume consiste en une blouse en toile
de couleur gris de fer, en un pantalon de même étoffe relevé
au-dessus du genou par des guêtres de cuir, en un casque de
cuir bouilli surmonté d'une pointe comme les casques prus-
siens.

En arrivant à l'hôtel de la préfecture, Leurs Majestés trouvèrent rangées sur une double haie quatre-vingts jeunes filles
vêtues de blanc et portant en sautoir une écharpe de couleur
violette. Presque toutes étaient remarquablement belles. Six
d'entre elles s'avancèrent vers l'Impératrice. Les deux premières portaient une corbeille de satin blanc remplie de
fleurs; les autres portaient chacune une corbeille de satin bleu
contenant vingt douzaines de paires de gants. Trois de ces
jeunes filles adressèrent à l'Impératrice un discours de félici
tations, et furent embrassées par Sa Majesté.

Les réceptions officielles commencèrent aussitôt. L'Empereur voulut que les membres du conseil général lui fussent
présentés individuellement. L'un d'eux, M. Coppier, ancien

chef de bataillon en retraite, a une jambe de bois. Sa Majesté lui demanda dans quelle bataille il avait perdu sa jambe.

— A Friedland, Sire, répondit le vieux soldat, et Vive l'Empereur !

Le soir il y eut à la préfecture un dîner de cinquante couverts. A neuf heures, Leurs Majestés se rendirent au Palais de Justice, pour assister de là au feu d'artifice tiré sur le pont suspendu et jouir du coup d'œil des illuminations. Ce coup d'œil était en effet très-beau, même après les magnificences féeriques du lac d'Annecy. A dix heures et demie, Leurs Majestés entrèrent dans leurs appartements. La foule augmentait d'heure en heure, les chemins de fer et les voitures publiques amenaient à chaque instant de nouveaux visiteurs. La plupart durent passer la nuit dans les rues.

La seconde journée de séjour à Grenoble fut employée par Leurs Majestés en visite aux établissements civils et militaires et en œuvres d'utilité publique ou de bienfaisance. L'Empereur et l'Impératrice sortirent séparément à neuf heures du matin, l'Empereur pour visiter les travaux qui se poursuivent dans la vallée de l'Isère, l'arsenal, les hôpitaux militaires, etc.; l'Impératrice, pour rendre visite aux établissements hospitaliers, aux écoles, aux salles d'asile.

A deux heures, l'Empereur passa au Polygone la revue des troupes de la garnison, composées des 93e de ligne, des 1er et 16e régiments d'artillerie, et des dépôts des 1er, 3e et 14e bataillons de chasseurs à pied. Les bataillons de sapeurs-pompiers ruraux formant au moins 3,000 hommes, les médaillés de Sainte-Hélène et les députations des communes avaient été réunis également au Polygone et défilèrent devant Leurs Majestés. Les troupes étaient rangées en ligne de bataille parallèlement à l'Isère, les sapeurs-pompiers et les curieux occupaient le point opposé. L'Empereur arriva à deux heures précises au Polygone. Il était accompagné, indépendamment de ses aides de camp et officiers d'ordonnance, du maréchal de Castellane, du général Bourbaki et du général commandant la subdivision militaire. L'Impératrice arriva quelques instants après en calèche découverte et passa à quelque distance de l'Empereur, devant le front des lignes. Après la revue, Leurs Majestés se placèrent devant une colonne élevée par les soins de l'artillerie sur le champ de manœuvres, et qui était un chef-d'œuvre d'exécution. C'était une pyramide à base quadrangulaire formée, comme l'arc de triomphe de l'arsenal, avec des pièces d'armes de guerre. La base de la pyramide était en fascine garnie de pièces de canon; sur le piédestal, au bas du fût de la pyramide, se trouvaient des mortiers; la pyramide, formée avec des fusils de rempart, était surmontée d'un dôme fait avec des lames de sabre. Du milieu du dôme s'élançait un faisceau de lances terminé par un drapeau tricolore. Le défilé des troupes commença immédiatement, et s'exécuta avec un entrain et un ensemble remarquables. Puis commencèrent à défiler les sapeurs-pompiers, les vieux soldats de l'Empire, les Sociétés de secours mutuels, les députations des communes; c'était interminable, tant était grand le nombre de ces braves gens des campagnes accourus à Grenoble pour voir Leurs Majestés.

L'Empereur alla ensuite visiter les forts qui dominent la ville, et qui font de Grenoble une des places les plus fortes de l'Europe.

Après cette visite, l'Empereur rentra à l'hôtel de la préfecture. Le soir, à dix heures, Leurs Majestés assistèrent au bal qui leur était offert par la ville de Grenoble, et qui a été l'un des plus beaux qu'on leur eût donnés depuis le commencement de leur voyage.

VALENCE, — ORANGE, — AVIGNON.

Le 7 septembre, à neuf heures du matin, Leurs Majestés quittent Grenoble ; elles entrent à Valence vers midi, et y séjournent une heure et demie. M. Monier de la Sizeranne, président du conseil général de la Drôme, a parlé au nom du département, et M. le maire de Valence, au nom de la ville, en rappelant des souvenirs historiques dignes d'intérêt.

A Sa Majesté l'Impératrice, M. le maire a adressé les paroles suivantes :

« Madame,

« Lorsqu'en 1511 la reine Anne de Bretagne résida pendant deux mois dans notre cité, elle laissa dans tous les cœurs un renom de bonté, de vertu, de piété dont le souvenir subsiste encore. Comme cette reine, Madame, vous êtes bonne, charitable et d'un noble cœur, et comme elle aussi, si vous n'aviez un titre plus élevé, vous pourriez être appelée la bonne duchesse. »

L'Empereur en quittant Valence accorde :

10,000 fr. à l'asile Napoléon des médaillés de Sainte-Hélène ;

1,800 fr. aux sœurs de Saint-Vincent-de-Paul pour l'orphelinat des Enfants de Marie ;

200 fr. à deux filleuls de l'Empereur qui ont été présentés à Leurs Majestés ;

Entre trois et quatre heures, le cortége impérial s'arrête à Orange, et arrive à Avignon vers cinq heures. La population, grossie par la foule accourue des départements voisins, se livre aux démonstrations du plus chaleureux enthousiasme, —fait notable assurément, dans un pays où les discordes civiles de 1815 avaient laissé de si fâcheux souvenirs ! — Mgr l'archevêque, M. le maire d'Avignon et M. Dupuy, président du conseil général du Vaucluse, se sont faits les interprètes élo-

quents du sentiment public. Le soir, il y a dîner à la préfecture et bal à l'hôtel de ville.

Le lendemain, 8 septembre, Leurs Majestés continuent leur
route vers Marseille. A Tarascon, à Arles, où elles font une

Arles.

courte halte, et visitent les monuments antiques de la Gaule Romaine, partout elles rencontrent le même accueil et excitent la même joie populaire. Mais Marseille semble le terme glorieux où conduisent toutes les stations de cette voie triomphale.

MARSEILLE.

Arrivée à Marseille.—Revue des troupes. — Excursion en mer. — Bal au château Borell*. — Visite aux hôpitaux, aux ateliers, à La Ciotat. — Départ.

A quatre heures et demie du soir, le train impérial arrive à Marseille.

A la gare se sont réunis les membres du conseil général et du conseil municipal, les hauts fonctionnaires des ordres religieux, civils et militaires, les médaillés de Sainte-Hélène ; les élèves du Lycée forment la haie extérieure.

En quittant le débarcadère, l'Empereur et l'Impératrice montent dans une voiture à quatre chevaux conduite à la Daumont ; le maréchal Castellane, chargé du commandement militaire de l'armée de Lyon, et le général Edgard Ney, aide de camp de l'Empereur, prennent place dans la même voiture. Le cortége impérial se rend à la préfecture par la rue de la Grande-Armée, les allées de Meilhan, la Cannebière, les rues Saint-Ferréol et Mongrand. Voici les troupes qui composent l'escorte : un piquet de gendarmerie départementale, un déta-

Marseille.

chement de hussards en garnison à Marseille, un assez fort détachement de cent-gardes en grande tenue, précèdent la voiture de Leurs Majestés.

On distingue, dans les voitures qui suivent, M. Besson, préfet des Bouches-du-Rhône, M. Lagarde, maire de la ville, Mgr de Mazenod, sénateur, évêque de Marseille, et son coadjuteur, Mgr l'évêque de Cérame, *in partibus ;* un grand nombre de hauts fonctionnaires, etc., etc.

Partout sur leur passage, l'Empereur et l'Impératrice reçoivent de la foule les marques de la plus respectueuse sympathie. Les diverses corporations se sont rendues, bannières en tête, à leur rencontre.

Leurs Majestés traversent la ville au milieu d'un immense concours de peuple ; sur le cours, l'ovation prend un tel caractère que, à plusieurs reprises, l'Empereur se lève tout debout dans sa voiture, pour saluer et remercier la foule.

Les cloches sonnent à toute volée ; le vieux port et celui de la Joliette sont encombrés de navires pavoisés. A la Cannebière et dans les principales rues, on ne voit que mâts vénitiens échelonnés de distance en distance et rattachés entre eux par des cordons destinés à supporter des verres de toutes couleurs.

Des trains de plaisirs spéciaux ont été organisés par la compagnie du chemin de fer ; les hôtels, les appartements meublés sont envahis, et la moindre place s'y paye des prix fous.

Après les réceptions qui ont lieu à la préfecture, le maire, au nom de la ville, offre à l'Impératrice un bracelet magnifique dans lequel est enchâssé le portrait du Prince Impérial.

« Madame, dit M. Lagarde,

« Marseille ne compte pas, comme Lyon, au nombre des produits de son industrie, ces remarquables et magnifiques étoffes qui font la juste admiration du monde entier, et que nous aurions été si heureux de pouvoir offrir à Votre Majesté. Mais si nous sommes pauvres de ce côté, nous sommes du moins riches de sentiment, et c'est avec lui que nous acquittons les dettes de notre reconnaissance. Nous avons pensé que rien ne saurait être plus agréable au cœur d'une mère, après une longue absence, que l'image d'un fils auguste destiné à faire longtemps sa joie et le bonheur de la France.

« Que Votre Majesté daigne donc nous permettre de lui offrir respectueusement ce portrait, dont la valeur est toute dans le sentiment qui en a inspiré l'offrande, et que nous la prions d'agréer comme le témoignage de l'admiration et du sincère dévouement dont nous sommes tous animés pour Votre Majesté. »

L'Impératrice se para le soir même de ce bracelet, au banquet qui réunit toutes les notabilités de Marseille.

Pendant ce repas, des aubades sont exécutées dans la cour de la préfecture par la musique militaire et la société chorale Trotebas.

Les membres de cette société chantent avec beaucoup d'ensemble le chœur de la *Saint-Hubert*, de Laurent de Rillé, et le beau chœur tiré du *Faust* ce M. Ch. Gounod.

Vers dix heures, Leurs Majestés se rendent au Grand-Théâtre ; reçues à leur arrivée par M. Montelli, directeur, elles sont accueillies, à leur entrée dans la salle, par les marques de la plus vive et de la plus respectueuse sympathie.

L'Impératrice porte une robe de tulle brodée avec un semé de fleurs brodées en soies de diverses couleurs ; un riche diadème orne sa tête ; à son cou brille un collier d'émeraudes et de rubis.

La cantate de M. Méry est chantée par M. Renard, de l'Opéra de Paris, Mademoiselle Sanier et les chœurs du théâtre, puis vient la représentation du *Trouvère* de Verdi. Leurs Majestés restent une heure environ et rentrent à la préfecture, où elles couchent.

Le 9, à dix heures du matin, l'Empereur et l'Impératrice vont entendre la messe à Notre-Dame de la Garde. Un soleil resplendissant illumine la colline ; la multitude se presse sur le passage de Leurs Majestés.

L'Empereur est en costume de général de division; l'Impératrice porte une robe de soie mauve, et un chapeau de paille garni de roses à l'intérieur. Leurs Majestés sont en voiture découverte à quatre chevaux; le maréchal Castellane et le général Edgard Ney sont avec elles; quatre autres voitures suivent la première.

A dix heures et demie, les cloches annoncent l'arrivée. Mgr Mazenod, évêque de Marseille et son nombreux clergé, attendent les souverains au haut des degrés. Quelques privilégiés sont seuls admis dans l'église, qui, on le sait, ne peut contenir que peu de monde. Le canon retentit et se mêle au bruit des cloches pour annoncer le commencement du service religieux.

L'office terminé, Leurs Majestés reviennent sur leurs pas jusqu'à la grille du pont. Là, elles descendent de voiture pour parcourir à pied la promenade Bonaparte.

A deux heures, l'Empereur passe sur la Cannebière la revue des troupes, ou plutôt la revue de tout Marseille, car toute la ville y assiste; les maisons sont combles, toutes les fenêtres pavoisées; les femmes agitent leurs mouchoirs, tout le monde bat des mains, les mâts et les vergues des bâtiments sans nombre qui encombrent le port de Marseille sont garnis de milliers de spectateurs.

Après le défilé, Leurs Majestés se rendent à cheval au palais dont Marseille a fait don à l'Empereur.

En quittant cette résidence, qui sera bientôt achevée et d'où la vue embrasse le magnifique spectacle de l'ancien port, et des gigantesques travaux en voie d'exécution, Leurs Majestés se dirigent vers l'embarcadère disposé en face du fort Saint-Jean; de là, elles montent à bord du *Céphise*, bâtiment des Messageries impériales; elles sont reçues à leur arrivée par M. Armand Béhic, président du conseil d'administration de la compagnie et membre du conseil général des Bouches-du-Rhône, par M. le lieutenant Tarriggi, commandant du *Céphise*. Les dames d'honneur qui accompagnent l'Impératrice sont Mesdames de La Poëze et de Rayneval. Vers trois heures, le *Céphise* quitte le port, emmenant Leurs Majestés, aux cris de la foule échelonnée le long de la Joliette et sur toutes les hauteurs qui dominent la mer. Lorsque le bâtiment se trouve à quelque distance et presque en face des îles du Frioul, un curieux spectacle s'offre aux yeux de Leurs Majestés : c'est l'explosion d'une mine monstre destinée à fournir des matériaux à la jetée des nouveaux ports. Cette opération, conduite habilement par MM. les ingénieurs des ponts et chaussées, réussit parfaitement. Du reste, aucun danger n'était à craindre, car ces sortes d'expériences s'exécutent à une grande distance de l'endroit même où la mine doit éclater, à l'aide de fils électriques.

Un autre spectacle, qui a également fort intéressé les innombrables curieux montés sur les navires le *Philippe-Auguste*, des Messageries impériales, le *Byzantin* et autres, qui suivaient de loin en mer le *Céphise*, c'est l'éclat souterrain d'une multitude de bombes, dont le bruit ressemblait fort à celui du canon, spectacle d'autant plus curieux qu'avant la détonation l'on apercevait des jets, des traînées de lumière, dont l'effet était des plus fantastiques.

Du Frioul, le *Céphise* promène Leurs Majestés en rade ; puis, revenant par la passe du port Napoléon, le bâtiment entre dans le bassin de la Joliette par le port de la jetée des Docks, entouré de milliers de barques et de canots remplis de curieux.

Leurs Majestés débarquent en face de l'escalier du terreplein de la Majore. Avant de quitter le *Céphise*, elles expriment à M. Armant Béhic toute la satisfaction que leur a causée cette courte excursion maritime. Elles ont encore visité la cathédrale en construction.

Mgr de Mazenod leur a fait les honneurs de cette nouvelle église, qui, par son architecture, mais dans des proportions beaucoup plus grandes, rappelle le style byzantin de Saint-Marc de Venise.

4.

Le soir, dans une de ces fêtes magnifiques qui, dans l'histoire d'une ville, laissent de longs souvenirs, plus de cent mille invités de toutes classes vont assister au bal du château Borrelly.

L'immense demi-cercle formé par la Cannebière, la rue Saint-Féréol, la rue de Rome, la nouvelle grande avenue et le Prado, et qui, parti de la mer, aboutit à la mer, est illuminé de la façon la plus originale et la plus brillante, huit kilomètres d'illumination! Deux fontaines monumentales s'élèvent, l'une à la place Castellane, l'autre à l'entrée du Prado, et les gerbes d'eau, tombant du haut des vasques, sont éclairées par des feux de toutes couleurs. Toutes les avenues aboutissant au Prado et au château Borelly, sont également transformées en galeries de lumières ; enfin, l'ensemble de cette décoration gigantesque dépasse certainement quinze kilomètres sur deux rangs. La grande avenue des Champs-Elysées, depuis la place de la Concorde jusqu'à l'Arc-de-Triomphe de l'Etoile, n'a pas deux kilomètres. On peut donc se faire une idée du spectacle prodigieux de cette illumination, complétée par des feux rouges allumés en pleine mer sur les îlots de Pomègue et de Ratoneau, et qui dessinaient en vigueur la silhouette massive du château d'If.

L'histoire du château Borelly mérite d'être connue. Adossé aux collines de Montredon, il domine la plage du Prado, et de ses hautes terrasses étagées, on aperçoit la nappe bleue de la rade.

Il fut construit peu d'années avant la révolution française, par un négociant marseillais, Georges Borelly, vingt ou trente fois millionnaire. Cet émule des Jacques Cœur et des Ango, maître d'une superbe flottille marchande qui, au besoin, se transformait en escadre de corsaires, eut un mot superbe lorsqu'il fit courir sus aux bâtiments anglais : « Georges, s'écria-t-il, déclare la guerre à Georges. » Le château Borelly, bâti dans le style Louis XVI, renferme de grandes richesses artistiques, égales à celles des plus nobles villas italiennes ; il passa dans la famille des marquis de Panisse, par le mariage de mademoiselle Borelly ; et dans ces dernières années il fut acquis du marquis de Pannisse actuel par M. Paulin Talabot, qui l'a cédé à la ville de Marseille en échange d'autres propriétés communales. La ville de Marseille a fait du château Borelly une sorte de villa municipale ; ses pelouses, son jardin anglais et ses vastes jardins français dans le style de Le Nôtre, sont ouverts au public, qui vient y respirer la brise de la mer.

Aujourd'hui, une salle de bal provisoire s'élève contre la principale façade du château. Les appartements ont été réservés pour Leurs Majestés Impériales et les personnes de leur suite. Ici encore l'illumination a fait des merveilles. Chaque allée est dessinée par un double treillage de lumières; le contour du parterre est dessiné par une bordure de verres de couleur, et enserre des corbeilles de fleurs lumineuses. Enfin, par une combinaison ingénieuse, une élégante fontaine, placée dans l'axe du château, verse des nappes d'eau lumineuse. L'horizon entier est illuminé jusque dans la mer, et juste en face du château Borelly, une aigrette de lumière couronne la pittoresque villa de M. Talabot.

Les pelouses, qui s'étendent entre les jardins et la mer, ont été livrées à la population rurale, qui danse les danses nationales conduites par des orchestres uniquement composés de fifres et de tambourins. L'exécutant bat le tambourin de la main droite et joue du fifre de la main gauche. Chaque fifre exécute une partie différente, et l'ensemble est assez harmonieux; mais il faut l'entendre d'assez près. A quelque distance, le son en est maigre et agace les nerfs.

Le jardin à la Le Nôtre, qui s'étend devant le château, est réservé à d'autres classes de la société. On y danse des quadrilles avec l'orchestre ordinaire des bals publics, violons, cornets à pistons et trombones.

Enfin la salle de bal est ouverte aux fonctionnaires et aux notabilités de la ville ou du département.

Huit mille invitations ont été distribuées pour les pelouses, les jardins et la salle de bal. Mais on ne saurait évaluer à moins de trois cent mille âmes la foule qui encombre la ville et les abords du château Borelly depuis la rue de Rome jusqu'à l'extrémité du Prado, le long duquel s'élèvent d'immenses guinguettes, où l'on défonce des tonneaux. La Provence entière a fait irruption dans la ville de Marseille.

Eh bien! au milieu de cette foule énorme, pendant six ou sept heures, pas un seul acte de désordre, pas un seul accident, et cela, en l'absence de toute force publique, car le personnel de la police municipale était évidemment hors de proportion avec une ligne d'une pareille étendue.

C'est au travers de cette population joyeuse, que Leurs Majestés arrivent au château Borelly vers onze heures du soir. Elles y sont accueillies par des vivats étourdissants. Ici, la vivacité méridionale éclate tout à coup.

L'Empereur, ouvrant le bal, danse avec madame Rouvière, femme du premier adjoint de Marseille, et l'Impératrice avec le maire, M. Lagarde, dont la belle-sœur, madame Hilarion Roux, Espagnole d'origine, a l'honneur d'être présentée à Sa Majesté, qui daigne l'entretenir quelques instants en espagnol.

Après le premier quadrille, Leurs Majestés Impériales font le tour de la salle du bal, passant ainsi devant toutes les dames placées sur trois rangs de gradins. Après une collation servie dans les appartements réservés, Leurs Majestés rentrent en ville vers deux heures du matin. A peine ont-elles regagné la préfecture, que les orchestres provençaux, fifres et tambourins, se transportent sous leurs fenêtres et leur donnent une sérénade où les chansons du pays tiennent une large place. Sans la crainte de troubler trop longtemps le repos de Leurs Majestés, cette nouvelle fête, toute populaire, durerait

sans doute jusqu'au matin. Du reste, on peut dire littéralement que, cette nuit, personne ne dort dans Marseille.

Cette nuit, MM. les cochers de voitures publiques célèbrent
à leur manière la visite de leur souverain Ils ne demandent
pas moins de 100 et 150 fr. même pour une course de la ville
au château Borelly, — une distance de trois quarts d'heure au
plus !

Le 10 septembre, dernière journée des fêtes de Marseille
n'est ni la moins brillante ni la moins occupée pour les augustes voyageurs.

L'Impératrice va visiter la salle d'asile du boulevard des
Dames, où elle est accueillie, à son arrivée, par les plus vives
acclamations, et, à son départ, par les plus touchantes actions
de grâces.

L'Empereur a visité les hôpitaux et a parcouru ensuite la
vieille ville. Cette visite avait une grande importance. La
vieille ville de Marseille est bâtie sur une colline qui s'élève
sur une pente très-abrupte au nord du vieux port, entre le
fort Saint-Jean, la Joliette, l'ancien lazaret, la Cannebière et
la rue d'Aix. Elle se compose d'un grand nombre de rues ou
plutôt de ruelles fangeuses et fétides ; leur escarpement est
tel, qu'on n'accède sur quelques points que par des escaliers,
qui, du côté du fort Saint-Jean, n'ont pas moins d'une cen-
taine de marches. Cette pauvre ville vieillie est le faubourg
souffrant de Marseille ; la misère et la maladie y habitent ;
aussi l Empereur, en s'y rendant à pied pour la parcourir en
détail, fait-il une grande et bonne action ; il a été reçu comme
un bienfaiteur ; cette visite impériale amènera dans un avenir prochain quelqu'une de ces solutions décisives qui sont
familières au souverain populaire qui en moins de dix ans a
transformé le vieux Paris. Avec l'Empereur, l'air, la lumière
et la civilisation ont pénétré dans les cloaques du vieux Marseille.

L'émotion générale qui se manifeste autour de l'Empereur

pendant cette longue et pénible ascension, arrive à son comble lorsqu'il s'engage dans la rue de l'Échelle, de nom expressif et de sinistre mémoire, foyer de la peste qui désola Marseille au dix-huitième siècle, et dont Mgr de Belzunce fut la plus illustre victime ; c'est aussi dans ces pauvres quartiers que le choléra de 1835 frappa ses coups les plus cruels.

Le même jour, l'Empereur et l'Impératrice visitent les principaux établissements industriels de Marseille ; la raffinerie de M. Grandval, qui emploie mille huit cents personnes, la savonnerie de M. Arnavon, qui reçoit des mains du chef de l'Etat la croix de la Légion d'honneur.

Puis les forges et chantiers de Monpenti, appartenant à cette puissante compagnie des Messageries impérales dont le gouvernement a pu apprécier les services lors des guerres de Crimée et d'Italie. On se rappelle avec quelle rapidité nos transports considérables de troupes et de matériel furent effectués, malgré les difficultés que pouvaient susciter d'aussi longs trajets que ceux de France en Russie. En ce moment même, c'est la Compagnie des Paquebots de la Méditerranée qui emmène sur la terre de Syrie nos braves soldats, dont la mission est de venger les malheureuses victimes des massacres de Damas. L'Empereur témoigne hautement de sa gratitude envers cette grande administration.

Revenue à la préfecture, Sa Majesté reçoit en audience particulière les membres du conseil d'administration de la Société anonyme des ports de Marseille. Après s'être entretenue avec ces messieurs des grands travaux projetés pour la suppression, ou tout au moins l'assainissement de la vieille ville, et les avoir félicités du concours donné au développement du premier port de l'Empire, elle a remis à M. J. Mirès la croix de chevalier de l'ordre de la Légion d'honneur, en récompense des grands travaux d'utilité publique qu'il a fait exécuter dans la ville de Marseille.

Leurs Majestés Impériales doivent se rendre par mer à la

Ciotat, pour assister au lancement du magnifique paquebot *la Provence*, destiné au service transatlantique. Mais, ce matin, le temps, demeuré si pur depuis trois jours, s'est assombri, et un orage a éclaté sur la ville. Néanmoins, l'Impératrice, bravant la fatigue et le mauvais temps, ne veut point renoncer à cette excursion de six à sept heures.

A une heure donc, accompagnées de M. le général Fleury, premier écuyer de l'Empereur; de M. le marquis de Galiffet, l'un de ses aides de camp ; de M. Armand Béhic, président, et M. de Simons, vice-président du conseil d'administration des messageries impériales, Leurs Majestés s'embarquent au quai Napoléon à bord de *l'Aigle*, de la marine impériale.

Le conseil d'administration propose à l'Impératrice de vouloir bien accepter le patronage de ce bâtiment; cette offre est gracieusement acceptée, et *la Provence* d'hier s'appelle aujourd'hui *l'Impératrice*.

L'Aigle est escorté du *Céphise*, du *Béarn*, du *Philippe-Auguste* des messageries impériales, et *le Borysthène*, sur lequel sont les invités, le précède.

Vers trois heures et demie, *l'Aigle* fait son entrée dans le port de la Ciotat. Un long radeau, orné de draperies et de banderoles, a été jeté sur l'eau fort avant dans le port, pour éviter à Leurs Majestés de descendre en canot jusqu'au rivage.

Arrivées à l'extrémité du radeau, où se trouve une magnifique tente richement décorée de leurs armes, elles sont reçues par Mgr l'évêque de Marseille, les autorités de la Ciotat, et par un gracieux essaim de jeunes filles vêtues de blanc.

De là Leurs Majestés pénètrent dans les ateliers, où les attendent MM. les administrateurs, le personnel des officiers des messageries impériales et les invités privilégiés. A leur entrée dans la cour, elles sont reçues par madame et mademoiselle Béhic; M. Béhic leur fait visiter tous les ateliers et les conduit sur le lieu du lancement du nouveau navire.

L'Empereur examine avec le plus grand soin, dans le salon

d'attente, les plans qui lui sont soumis, pendant que l'Impératrice s'entretient avec quelques dames.

Leurs Majestés ayant pris place aux fauteuils qui leur étaient réservés, Mgr l'évêque de Marseille bénit le bâtiment; puis, les ouvriers se mettent à l'œuvre, dirigés par M. Delacour, ingénieur, et en moins d'un quart d'heure, l'*Impératrice*, dégagée de ses derniers soutiens, se laisse majestueusement glisser dans le port aux cris mille fois répétés par la foule de : *Vive l'Empereur! Vive l'Impératrice!*

Le succès de cette opération est d'autant plus remarquable, que ce nouveau navire n'était destiné à être lancé que dans trois mois; de plus, vu le peu de profondeur du port et la flottaison considérable du bâtiment, il a fallu obvier aux difficultés à l'aide d'une sorte de ballon placé du côté de l'eau où il devait fendre la mer : depuis plus d'un mois, jour et nuit, quatre cents ouvriers du corps des ponts et chaussées et de la Compagnie des messageries impériales, ont, en outre, travaillé sous l'eau pour miner le roc et faciliter le passage du navire.

Le navire à hélice *l'Impératrice*, le premier bâtiment des lignes postales de l'Indo-Chine, est d'une longueur de 97m25; sa largeur est de 11m73, et sa force nominale de 500 chevaux. Il peut transporter un effectif de 288 personnes, composé ainsi qu'il suit : 168 passagers, et 120 officiers, équipage, chauffeurs et gens de service.

La flotte de la Compagnie des services maritimes des messageries impériales compte actuellement 49 navires d'une force collective de 13,370 chevaux; et le parcours annuel de l'ensemble de ces services est évalué à 350,866 lieues marines. Deux navires, l'*Aunis*, de 250 chevaux, et l'autre, de 320 chevaux, sont également en construction.

Après avoir complimenté M. Delacour et M. Armand Béhic, Leurs Majestés reprennent la mer pour regagner Marseille.

Là les attend une autre cérémonie, l'inauguration du nouveau palais de la Bourse.

Au moment où Elles rentrent à l'hôtel de la préfecture, un vieux prêtre s'avance tout tremblant vers l'Empereur. Son grand âge, sa robe d'ecclésiastique et sa médaille de Sainte-Hélène, obtenue en sa qualité d'ex-aumônier militaire, ont fait tolérer sa présence dans la cour, malgré les ordres de l'autorité supérieure.

A peine l'Empereur aperçoit-il le vieillard, qu'il se dirige vers lui en l'encourageant par un sourire de bienveillance ; mais l'infortuné solliciteur, épuisé par l'émotion, ne peut que bégayer des paroles sans suite et chancelle. Aussitôt, avec un affectueux empressement, Sa Majesté lui saisit les mains pour le soutenir et le conduit ainsi jusque dans l'hôtel de la préfecture ; là, pressé de questions, le vieillard dépeignit son extrême misère.

Ému d'une indicible pitié, l'Empereur lui remet aussitôt quatre billets de banque de cent francs en lui disant avec la plus touchante bonté : « Prenez cette somme en attendant, mon ami, et désormais soyez sans crainte, je vous assurerai du pain pour le reste de vos jours. »

Le bon vieillard pleure de joie en recevant ce secours, et ses larmes, à défaut de paroles, expriment toute sa reconnaissance.

A huit heures et demie a lieu le grand banquet offert par le commerce de Marseille dans le nouveau palais de la Bourse.

Deux cent cinquante personnes, représentant les notabilités commerciales et les premières autorités du département, y ont été conviées, et toutes les galeries supérieures et inférieures sont remplies de dames et d'invités.

A la fin du banquet, M. Pastré, président de la chambre de commerce, au nom de ses collègues, a adressé un discours empreint de sentiments aussi dévoués que reconnaissants,

5

auquel l'Empereur a répondu par d'éloquentes paroles dont voici la noble conclusion :

« Qu'elle règne en paix sur cette mer, la cité phocéenne, par la douce influence du commerce ; qu'elle civilise, par la multiplication des rapports, les nations barbares ; qu'elle resserre les liens des nations civilisées ; qu'elle engage les peuples de l'Europe à venir se donner la main sur les rives poétiques de cette mer, et ensevelir dans la profondeur de ses eaux lés fautes jalouses d'un autre âge ; enfin, que Marseille se montre toujours telle que je la vois, c'est-à-dire à la hauteur des destinées de la France, et un de mes souhaits les plus ardents sera accompli.

« Je porte un toast à la ville de Marseille. »

Les applaudissements, à plusieurs reprises, interrompent ce noble et ferme langage, et les cris de : Vive l'Empereur ! empruntent aux circonstances un caractère tout particulier de sincérité et de patriotisme.

Après le banquet, Leurs Majestés regagnent l'*Aigle*, à bord duquel Elles doivent passer la nuit.

TOULON. — NICE.

Le 11 septembre, à quatre heures du matin, la flottille impériale quitte le port de Marseille pour se rendre à Toulon et à Nice.

Malgré l'heure matinale, une foule considérable encombre le quai Napoléon, et les plus bruyantes acclamations éclatent de toutes parts.

Au spectacle toujours imposant des manifestations populaires se joint un spectacle non moins intéressant, celui de plusieurs navires de guerre, le *Vauban*, l'*Ariége*, la *Sèvre* et la *Reine-Hortense*, faisant escorte à l'*Aigle*, commandé par le contre-amiral Dupouy. Tous ces bâtiments accompagnent Leurs Majestés jusqu'à Toulon.

A neuf heures, la flottille impériale, entrant en rade de Tou-

Nice.

lon, est saluée par l'artillerie des bâtiments et des forts. Le vice-amiral Jacquinot, préfet maritime, se rend à bord de l'*Aigle* pour prendre les ordres de l'Empereur.

A dix heures, Leurs Majestés débarquent à la Vieille-Darse et trouvent au débarcadère, splendidement décoré, les premières autorités du département, M. Pessonneaux, maire de Toulon, qui, à la tête de son conseil municipal, lui présente les clefs de la ville. Leurs Majestés se rendent à la cathédrale, et de là à la préfecture maritime.

A deux heures, l'Empereur et l'Impératrice visitent l'arsenal et s'embarquent pour aller à bord du *Montebello*, vaisseau-école des canonniers, et de la frégate cuirassée *la Gloire*.

Le soir, Leurs Majestés assistent au bal donné par la ville.

Pendant ce temps, Nice, la nouvelle Française, s'apprête à recevoir dignement le vainqueur de Magenta et de Solferino.

Au sommet du Mont-Chauve, on dispose un vaste bûcher, arrosé de goudron, qui, du haut de cette espèce d'autel gigantesque, projettera sa lueur immense sur les cimes des Alpes et la campagne de Nice, le soir du jour où arriveront Leurs Majestés, et au moment où elles s'éloigneront de ces heureux rivages.

Depuis près de huit jours, des légions d'ouvriers s'occupent à décorer la ville. Deux cariatides et un grand aigle impérial ornent la grande porte du palais. On a doré la grille du parterre et transformé toute la place du gouvernement en un jardin rempli de palmiers, de lauriers, d'orangers et de fleurs rares qui s'épanouissent seulement sous ce climat privilégié. Des abeilles d'or parsèment le vestibule. Sur le grand escalier, un aigle impérial étend ses ailes sur les deux inscriptions suivantes :

« 12 *septembre* 1860. »
« Enfin, je suis Française! »

Dans la salle d'entrée des Aides de Camp, on a placé le

buste de l'Empereur sur une magnifique console dorée. Aux quatre coins de la salle, sont de grandes figures dorées représentant les quatre saisons; elles tiennent des candélabres à six branches, dont les bougies se refléteront dans des miroirs. De cette salle on entre dans le salon de l'Empereur. On a disposé sur des consoles et des cheminées une rare et magnifique collection de bronzes antiques florentins.

On remarque parmi ces richesses artistiques :

Un Apollon, des Mercures, plusieurs Hercules, dont un appuyé sur sa massue, des guerriers romains, un groupe représentant le rapt des Sabines, par Jean de Bologne, une Vénus, deux chevaux en course, deux beaux vases grecs avec d'incomparables bas-reliefs.

De ce salon, on entre dans la chambre à coucher de l'Empereur. On y voit un grand lit en fer génois, doublé d'une étoffe en soie verte. Une petite porte donne accès dans la toilette de Sa Majesté. A côté, se trouve le boudoir de S. M. l'Impératrice. Plusieurs tableaux d'une grande valeur ornent aussi toutes ces pièces. Je citerai, entre autres, un portrait du fameux Masaniello, par Salvator Rosa ; la mort d'Adonis, par le Primatice, l'auteur des fresques qui décorent la salle de Diane à Fontainebleau, et une Sainte-Vierge, de Francesco Francia.

Ce dernier tableau, qui est placé dans la chambre à coucher de l'Impératrice, a excité l'admiration dee deux grandes-duchesses Marie de Leuchtemberg et Hélène de Russie, qui ont passé l'hiver à Nice. Sur la cheminée de la chambre de l'Impératrice on voit deux candélabres du temps de Louis XIV, d'un dessin artistique dont on a perdu la trace aujourd'hui; vis-à-vis de la cheminée il y a une console, richement sculptée et dorée, avec une armoire d'ébène contenant un service à thé en ancienne porcelaine de Chine. De la chambre de l'Impératrice on passe dans un cabinet rose qui sert de toilette, et de là dans une vaste galerie où l'on admire des bronzes magnifiques : deux bustes des impératrices romaines, un grand buste de Louis XIV doré, et un groupe représentant Tarquin tuant Lucrèce, chef-d'œuvre de Jean de Bologne. Ces bronzes faisaient anciennement partie du fameux musée du chancelier Camburzano à Turin.

En revenant sur ses pas et en passant de nouveau par la salle des Aides de Camp, on entre par la salle du Trône, ornée de deux grands portraits de Leurs Majestés. Des consoles dorées supportent des bronzes magnifiques, entre autres un remarquable buste de Marc-Aurèle, dont la tête est en bronze et le reste en améthyste. De cette salle on passe dans trois grands salons où sera servi le grand dîner que Leurs Majestés donneront à la ville de Nice.

D'autres appartements sont préparés pour la cour et la suite de Leurs Majestés.

Après une traversée superbe, l'Empereur et l'Impératrice abordent, à dix heures du matin, à Villefranche, le port de Nice étant trop petit pour recevoir *l'Aigle*.

A peine débarquées, Leurs Majestés montent en voiture et entrent à Nice à onze heures.

La réception est magnifique. Tout le monde porte la cocarde tricolore à la boutonnière. Les fenêtres sont pavoisées de drapeaux aux couleurs françaises.

A l'entrée de la ville, se présentent le maire et les autorités de Nice. A la préfecture ont lieu les réceptions officielles.

Puis l'Empereur et l'Impératrice se placent au balcon, et un long défilé commence au milieu d'interminables acclamations. Les paysans et paysannes sont accourus dans leur pittoresque costume. Les villas anglaises ont eu la courtoisie d'arborer le drapeau français uni au pavillon britannique.

L'Impératrice est l'objet de l'admiration générale. L'accueil fait à Leurs Majestés est une réponse plus que suffisante aux doutes intéressés qu'on élevait en certains lieux sur la sincérité des vœux annexionnistes de la population niçoise. Les mêmes sentiments de respect et d'affection inspirent les orateurs, qui ont tour à tour l'honneur de haranguer Leurs Majestés : le maire. M. Malaussena, en offrant les clefs de la ville, et à la préfecture, l'évêque Mgr Sola, et M. le président du Tribunal de première instance.

Après la réception, l'Empereur monte sur la terrasse du vieux château, au milieu de la foule : peuple, bourgeois, ouvriers, paysans, clergé, tous parés de la cocarde tricolore, se pressent autour de lui avec des cris unanimes. Ce sont là de ces démonstrations qu'on ne peut ni préparer ni commander.

Le soir, bal au théâtre. Rien n'a été épargné pour rendre la salle digne de ses augustes hôtes.

Pendant tout le séjour de Leurs Majestés à Nice, les marques de sympathie de la population vont toujours croissant. Les ovations sont encore plus ardentes dans la promenade au château et dans l'excursion au Var qu'au moment de l'arrivée, mais rien n'égale l'enthousiasme manifesté par la foule au moment du départ. Des vivats et des applaudissements en quelque sorte frénétiques saluent partout sur leur passage l'Empereur et l'Impératrice. L'embarquement de Leurs Majestés dans le port de Nice présente un de ces caractères à la fois touchants et grandioses qui ne s'effacent jamais du souvenir d'une population.

Des milliers de mains agitent en l'air des chapeaux, et des milliers de voix acclament les augustes voyageurs, qui semblent chercher dans l'obscurité de la nuit le navire qui doit les conduire en Corse.

Tout à coup, par l'effet d'un magnifique feu de Bengale, la statue de Charles-Félix sort des ténèbres, brillant comme du métal embrasé, et semble leur montrer du doigt le yacht impérial *l'Aigle* qui chauffe dans le port.

Un autre feu de Bengale blanc, succédant au feu rouge,

transforme presque instantanément la statue en fantôme blanc.

Cette scène a quelque chose de fantastique. Mais la foule fut bientôt impressionnée par un autre spectacle. S. M. l'Impératrice, touchée des manifestations universelles de respect et de sympathie qu'elle n'a cessé de rencontrer, ne peut s'empêcher de pleurer en descendant de voiture pour monter à bord de *l'Aigle*. Beaucoup de personnes ont vu ces larmes.

La nouvelle se propage dans la foule comme un frisson électrique, et on peut imaginer combien elle augmente les sentiments d'affection et de dévouement que la vue de Leurs Majestés à déjà fait naître dans tous les cœurs.

Au moment où le yacht sort du port, un homme du peuple, debout sur le parapet du phare, crie d'une voix de stentor:

« De grâce, Majestés, revenez-nous bientôt !

— Oui ! oui ! » répond Sa Majesté l'Impératrice.

Le lendemain du départ de Leurs Majestés, le maire de Nice fait afficher une proclamation où il est dit que l'Impératrice a formellement manifesté l'intention de revenir à Nice.

Le jeudi matin, l'Empereur devait se rendre à Villefranche dont il avait admiré, la veille en débarquant, la magnifique rade. L'arrivée de M. de Talleyrand, notre ambassadeur à Turin, empêche cette excursion. Sa Majesté reste deux heures en conférence avec M. de Talleyrand.

EN CORSE.

Le 13 septembre, à neuf heures du soir, l'escadrille impériale quitte Nice, et se dirige vers la Corse.

Pendant que Leurs Majestés accomplissent les mémorables étapes de leur beau voyage dans les villes de la France continentale, une pieuse et imposante cérémonie se célèbre dans cette petite île de Corse qui fut le berceau des Bonapartes. En arrivant à Ajaccio, l'Empereur doit trouver enfin réalisé le vœu de Madame Mère et du cardinal Fesch.

Ce vœu est ainsi exprimé dans le testament du cardinal, mort à Rome en mai 1839 :

« Je lègue 200,000 francs pour la construction d'une église
« dans l'aile sud du grand établissement que j'ai fait bâtir à
« Ajaccio.

« Je veux que mes cendres et celles de ma bien-aimée sœur
« reposent dans cette église, au milieu de mes chers conci-
« toyens.

« Pour l'entretien de cette chapelle, je lègue, etc. »

Cependant le testament du cardinal fut annulé par des motifs et à une époque qu'il est inutile de rappeler. La municipalité d'Ajaccio s'en rapporta avec confiance à la sagesse et à la générosité de l'héritier direct, l'ex-roi Joseph, comte de Survilliers, pour tous les legs que le cardinal avait institués en faveur de sa ville natale. Il s'ensuivit un acte de transaction où le roi Joseph voulut inscrire cette clause textuelle :

« Tant que la loi d'exil sera en vigueur, je ne me crois pas
« obligé de faire construire une chapelle sépulcrale que les
« circonstances politiques pourraient rendre à jamais inu-
« tile. »

En 1851, l'une des préoccupations du Président de la République fut d'exaucer le vœu de sa vénérable grand'mère et de son illustre grand-oncle. Leurs restes mortels gisaient encore sur la terre étrangère, dans un caveau de l'église de Corneto, près de Rome. S. S. le Pape accéda avec empressement au désir qui lui fut exprimé pour que ces précieuses reliques fussent extraites de Corneto et transportées à Ajaccio. La frégate à vapeur de l'État *le Vauban* fut mise à la disposition du maire d'Ajaccio, qui se rendit à Rome avec une députation municipale pour recevoir ces restes vénérés. Leur enlèvement du caveau de Corneto et la constatation de leur identité eurent lieu en présence de la députation ajaccienne, du général Gemeau, commandant des troupes françaises, du premier secrétaire de l'ambassade de France, du commandant du *Vauban* et des autorités papales. Ces corps furent transportés à bord de la frégate française avec tous les honneurs dus au rang qu'avaient occupé sur la terre ces illustres défunts.

Le 4 juillet de la même année, le commandant du *Vauban* faisait la remise, sur le quai d'Ajaccio, des restes mortels de Madame Mère et du cardinal Fesch, au maire de cette ville, en présence du clergé en habits sacerdotaux, de toutes les autorités civiles et militaires, des troupes sous les armes et d'une foule émue et silencieuse. Ces cercueils furent déposés provisoirement dans une chapelle de la cathédrale.

En 1857, l'Empereur ordonna que le corps de S. A. le prince Charles, fils aîné du prince Lucien Bonaparte, fût aussi transporté à Ajaccio.

On espérait alors que la chapelle de l'Immaculée-Conception (c'est sous cette invocation que le cardinal désirait qu'elle s'érigeât) ne tarderait pas à s'élever pour recevoir ceux des membres de la famille Bonaparte qui demanderaient à reposer auprès du berceau de la dynastie napoléonienne; mais des difficultés imprévues empêchèrent la complète réalisation des dernières volontés du cardinal. Il appartenait à l'Empereur de briser tous les obstacles et d'accomplir ce que la piété filiale lui inspirait.

D'après les ordres de Sa Majesté, S. Exc. le ministre d'Etat donna ordre, au commencement de 1857, à M. Paccard, architecte de la couronne, de construire à Ajaccio une chapelle funéraire, à l'endroit même que le cardinal avait désigné pour sa sépulture.

M. Paccard, aidé de M. Cazeneuve, aujourd'hui premier

inspecteur du palais de Fontainebleau, se mit à l'œuvre, et ils ont dignement répondu à la confiance du ministre.

Le monument, dit M. P. Marchi, dans le journal d'Ajaccio, est complet et semble parfaitement approprié à sa destination spéciale.

Trois inscriptions en style lapidaire, sur chacun des piliers de la coupole, honorent la mémoire de Madame Mère, du cardinal Fesch et du prince Charles. Une quatrième place reste vide.

Un large escalier de granit d'Ajaccio descend à la crypte où reposent aujourd'hui — *Maria Lœtizia Ramolino Bonaparte, mater regum, — Josephus Fesch, S. Exc. Cardinalis Lugdunensis archiepiscopus; — Carolus L. I. Laur. Bonaparte Carini princeps et Musignani,* comme le dit la dernière légende de leurs tombeaux.

Nous avons cru faire quelque chose d'agréable à nos lecteurs en leur rappelant les faits.

Dès huit heures du matin, les trois cercueils déposés à la cathédrale étaient placés au-dessous de la coupole en chapelle ardente. Quatre sous-officiers de gendarmerie étaient placés aux coins du catafalque.

A neuf heures, les autorités, le conseil général, les corps constitués, les fonctionnaires, les anciens officiers en costume, les légionnaires et médaillés de Sainte-Hélène, s'étaient réunis à la préfecture, d'où ils se sont rendus en cortège à la cathédrale, sous l'escorte des troupes de ligne. Deux compagnies attendaient, en outre, dans la grande nef, rangées en haie. Les confréries, convoquées par les soins de l'autorité ecclésiastique, attendaient également à la cathédrale.

A neuf heures un quart, aussitôt après l'arrivée du cortège, une grand'messe des morts, en musique (de Mozart), a été célébrée. Mgr d'Ajaccio officiait pontificalement. Sa Grâce a dit ensuite les prières de l'absoute.

Cette partie des cérémonies religieuses terminée, le cortége est sorti de l'église dans l'ordre suivant :

Les troupes disposées en escorte, les confréries, la communauté des sœurs de Saint-Joseph, les frères de la doctrine chrétienne, le clergé, NN. SS. les évêques.

Le cercueil de S. A. Em. le cardinal Fesch, porté par seize sous-officiers de la garnison. Les cordons du poêle étaient tenus par MM. Séverin Abbatucci, baron Mariani, députés de la Corse ; Conti, conseiller d'État ; le vice-recteur de l'Académie. Les honneurs étaient portés derrière le cercueil par M. le chanoine Péri, archiprêtre, curé de la cathédrale.

Le cercueil de Madame Mère, porté par seize marins du port d'Ajaccio. Les cordons du poêle étaient tenus par MM. le sénateur Piétri, président du conseil général ; le général T. Sébastiani, grand-croix de la Légion d'honneur ; le général Piccard, commandant la 17e division militaire ; Dupont, procureur général près la Cour impériale de Bastia. Les honneurs étaient portés derrière le cercueil par M. Braccini, maire d'Ajaccio.

Le cercueil du prince Charles Bonaparte, porté par seize grenadiers de la garnison. Les cordons du poêle étaient tenus par MM. le président du tribunal civil, le président du tribunal de commerce, le commandant de la place, le secrétaire du conseil général. Les honneurs étaient portés par M. Fanjeux, secrétaire général de la préfecture.

A l'arrivée du cortége à la chapelle funéraire, M. le chapelain et les membres du clergé désignés par l'autorité ecclésiastique se sont rendus sur les degrés de l'entrée principale pour recevoir les corps, et l'on pénétra dans la chapelle dans l'ordre déjà indiqué. Les trois cercueils furent placés sur l'estrade destinée à les recevoir, savoir : celui de S. A. Em. le cardinal Fesch, à droite ; celui de Madame Mère, au milieu ; celui du prince Charles, à gauche.

M. l'abbé Versini, chapelain, qui la veille avait procédé à la consécration de l'église, a célébré une messe basse, pendant

que la musique, placée derrière le maître-autel, exécutait des
morceaux adaptés à la circonstance. Mgr d'Hétalonie a dit ensuite les prières de l'absoute.

Après la cérémonie, les assistants ayant aspergé les cercueils, chacun s'est retiré isolément. Depuis ce moment jusqu'à
quatre heures le public a été admis à jeter de l'eau bénite. Un
piquet de gendarmerie a été chargé de maintenir l'ordre. Après
quatre heures la chapelle a été évacuée, et les portes étant
closes, il a été procédé au transfèrement des cercueils dans
les caveaux.

Telle a été cette touchante et solennelle cérémonie, dont le
souvenir restera longtemps empreint dans notre mémoire. —
Si l'Empereur est satisfait d'avoir dignement exaucé le vœu
de ses illustres ancêtres, les Ajacciens ne sont pas moins heureux et fiers d'avoir mérité cette haute marque de leur affection, et reconnaissants envers Sa Majesté, qui a bien voulu
confier à leur patriotisme et à leur vénération ces précieux
dépôts.

Dans la matinée du 14, tout Ajaccio se porte à la place
Bonaparte, d'où la vue s'étend sur l'entrée du golfe. Six paquebots corses, les mâts pavoisés, marchent à la rencontre
de l'escadrille de l'amiral Dupouy, signalée depuis le matin
par la vigie du phare des Sanguinaires, et qui, après un
temps d'arrêt assez prolongé dans la haute mer, s'avance à
toute vapeur.

Onze heures sonnent, et au moment où l'*Aigle* stoppe à
quelques mètres du quai Napoléon, la citadelle commence la
salve impériale, à laquelle répondent, sur la rive opposée,
les canons du vieux fort d'Aspreto et les triples bordées des
vaisseaux de guerre.

Le préfet est déjà allé prendre les ordres de Leurs Majestés, et bientôt un canot où flottent deux pavillons de soie
semés d'abeilles d'or se détache de l'*Aigle*. Trente mille
hommes le saluent de leurs enthousiastes acclamations, qui

couvrent le son des cloches et le bruit de l'artillerie ; puis, comme à un signal donné, le silence se fait dans les masses : l'Empereur débarque, l'Empereur veut parler.

Le préfet, le maire, les principales autorités, groupés autour d'un dais élevé à l'extrémité d'un pont volant, reçoivent Leurs Majestés ; les clefs de la ville leur sont présentées et le maire prononce un discours ; l'Empereur lui répond avec sa grâce accoutumée et prête la plus bienveillante attention aux chaleureuses et remarquables paroles de M. le sénateur Piétri, président du conseil général. Le cortége, composé de cinq calèches attelées à la Daumont, se dirige vers la préfecture.

Ce qui se passe alors ne ressemble en rien à tout ce qu'ont pu voir ceux qui ont assisté aux voyages dans l'intérieur de la France. Ce n'est ni l'attitude respectueuse des grandes villes, ni l'accueil curieux et sympathique des habitants des campagnes, ni même l'entraînement religieux des populations bretonnes, mais un enthousiasme irrésistible, une frénésie étrange pour tous ceux qui ne connaissent pas la Corse, des acclamations multipliées, des cris qui semblaient n'avoir rien d'humain, et des battements de mains quand la voix se brise dans les poitrines épuisées.

L'Empereur est radieux. L'Impératrice, oubliant les fatigues de la mer, sourit à travers ses larmes au peuple qui lui tend les bras et acclame le jeune Prince impérial.

Après un instant de repos, les réceptions officielles commencent. L'Empereur confère la croix de chevalier de la Légion d'honneur aux personnes qui lui ont été proposées, en ajoutant quelques paroles qui doublent la valeur de la récompense.

Les réceptions achevées, Leurs Majestés paraissent au balcon de la préfecture pour le défilé des députations des communes. Les mêmes manifestations qui éclataient tout à l'heure se renouvellent, plus caractéristiques encore. L'allégresse est devenue du délire, et les saluts à l'Empereur et à l'Impératrice d'immenses clameurs qui retentissent dans la ville entière.

A trois heures, le cortège impérial visite la maison Bonaparte, cet humble toit où, le 15 août 1769, Lætitia Ramolini donnait le jour au plus grand homme de l'histoire.

La seconde halte de ce pieux pèlerinage se fait à cette jolie chapelle, dont nous venons de décrire les travaux à peine achevés.

L'Impératrice reste seule dans sa voiture, sous un arc de triomphe élevé par les laboureurs; l'escorte militaire, composée de quatre cent-gardes, accompagne l'Empereur.

Quelques centaines de paysans forment un cercle respectueux, regardent en silence, mais n'osent s'approcher. L'Impératrice fait un geste de la main, et en moins d'une seconde une masse compacte se serre autour d'elle.

« Venez-vous de. bien loin? demande-t-elle en italien à l'un d'eux.

— Ah! oui, madame, répond le paysan, tout étonné d'entendre la souveraine lui parler, et surtout lui parler dans sa langue. Il faut cinq jours de marche; mais nous sommes tous venus : il n'est demeuré que les femmes et les vieillards.

— Oh! madame, reprend un autre, pourquoi n'avez-vous pas amené le petit, *lu chiuccu*?

(Chiuccu, enfant, est l'expression corse habituelle, et depuis la nouvelle de l'arrivée prochaine de l'Empereur, dans les villages, sur les routes, chaque refrain de chanson se terminait invariablement par ce cri en dialecte national : *Evviva Napulio, lu chiuccu e lu maïo.* (Vive Napoléon! le père et fils.)

— Vous l'aimez donc bien? Voulez-vous? le voir, ajouta l'Impératrice et elle sourit de ce sourire que Dieu a mis au cœur des mères heureuses, et, détachant le médaillon qui retenait son châle, elle le tend à la foule.

Mille mains le lui arrachent, on le dévore des yeux, et on le couvre de baisers. Cette scène dura jusqu'au retour de l'Empereur, mais l'Impératrice n'a pu résister à son émotion. La souveraine était redevenue femme et mère : renversée dans sa voiture, elle pensait à son fils absent, et elle pleurait...

Les formidables applaudissements des laboureurs retentissaient encore que la voiture entrait dans la villa Bacciochi, où Leurs Majestés acceptèrent un repas préparé pour elles.

Après le dîner officiel dans le grand salon de la préfecture, Leurs Majestés sont remontées à bord de *l'Aigle*, au bruit du canon des vaisseaux. Les maisons étincelaient de lumière : sur le cours Napoléon, sur la place du Marché, sur le boulevard Jérôme, de longues guirlandes de feu couraient de portique en portique, d'oranger en oranger. Les plus hautes cimes des montagnes et les collines jusqu'au bord de la mer étaient constellées de foyers embrasés. Sur toute la plage une double ligne de fanaux dessinait le fond du golfe, où apparaissaient comme des centres de feu la villa Bacciochi et le palais du cardinal Fesch.

Plus de deux mille verres de couleur se balançaient sur les flots au souffle de la brise ; les grands navires, les plus petites embarcations, étaient illuminés de la ligne de flottaison à la pointe des mâts, et sur un rocher brûlait, rempli de goudron et de fascines, un vieux brick dont les flammes éclairaient le large de leurs rouges reflets.

Des bouquets de fusées semaient dans l'air des millions d'étoiles, tandis que les terrasses les plus élevées s'éclairaient des couleurs changeantes des feux du Bengale.

La musique du 12e de ligne, montée à bord du *Passe-Partout*, envoyait aux échos de la rive ses plus harmonieuses mélodies. C'était une belle nuit d'Orient avec les merveilles de l'art parisien. Leurs Majestés passèrent la nuit à bord de *l'Aigle*.

Dans la matinée du 15 le temps avait changé. Le sirocco d'Afrique soufflait par brûlantes rafales. La mer grise clapotait sur la plage avec ce murmure triste et doux qui n'appartient qu'à elle. Aussi Leurs Majestés ne descendirent à terre que pour visiter la cathédrale et faire rapidement le tour d'une partie de la ville, au milieu de masses empressées et qui s'ouvraient d'elles-mêmes pour laisser un large passage au cortége. On s'était passé de soldats et de gendarmes pour la haie, la manifestation populaire n'y eût rien perdu, car le paysan corse, a l'instinct des convenances les plus délicates.

Dans la nuit étaient partis déjà *le Vauban*, *la Reine-Hortense* et *l'Eylau ;* à onze heures, *l'Aigle* et *la Gloire* lèvent l'ancre, et les dernières salves retentissent comme un suprême adieu.

Pendant deux jours, le 15 et 16, la flotte impériale va voguer en pleine mer dans la direction de notre belle colonie africaine.

ALGER.

Partie d'Ajaccio, le samedi 15 septembre, à midi, l'escadre passa, le dimanche 16, vers onze heures du matin, à la hauteur de Mahon, capitale de l'ile de Minorque, dans la province espagnole des Baléares.

Le lundi, 17, elle fait bonne entrée en rade d'Alger, à huit heures. Bien que la traversée ait été contrariée par le gros temps, l'itinéraire officiel est suivi ponctuellement.

D'après l'annonce positive de la visite impériale, la capitale de l'Algérie est en fête : elle se réjouit d'un événement qui exercera une grande influence sur l'avenir de la colonie. Tout le littoral africain s'est ému à la nouvelle du voyage du souve-

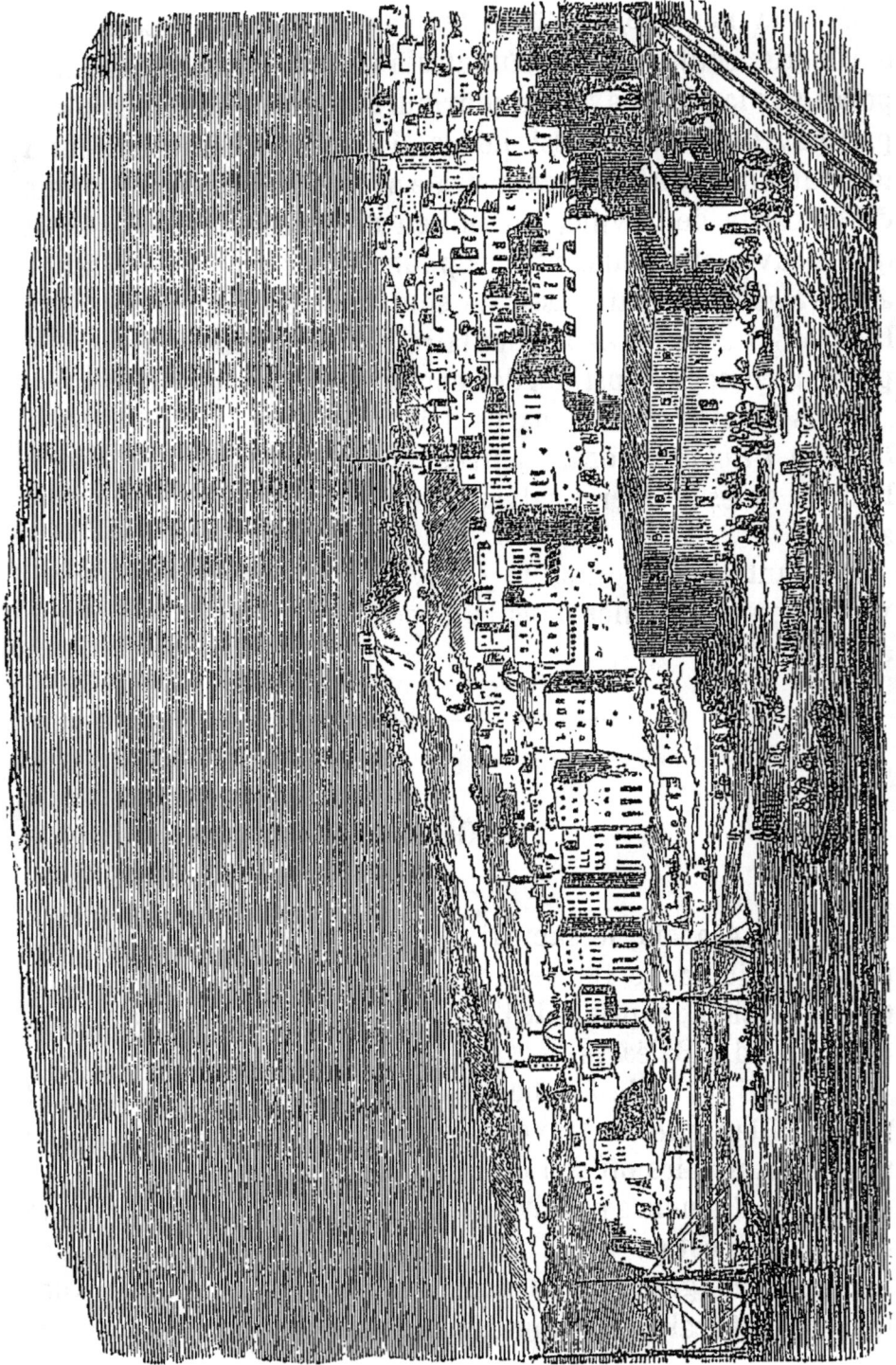

Alger.

rain de la France. Le bey de Tunis a voulu venir à Alger pou
rendre hommage à l'arbitre des destinées européennes. Une
frégate à vapeur française, *la Foudre*, est partie de Toulon
pour aller prendre à Tunis Sidi-Faddock-Bey et son ministre
de la marine, le général Chaïd-el-Din, qui a longtemps habité
la France. On attend aussi un frère de l'empereur du Maroc
chargé de venir saluer Napoléon III.

Moins grandiose, peut-être, et moins splendide, mais certainement aussi spontanée et plus originale que la réception
de Marseille et de Lyon sera la réception qu'Alger prépare à
Leurs Majestés.

Les Arabes arrivent en foule des extrémités de nos posses-
sions et des limites du désert. Les *goums* des provinces d'Alger, d'Oran et de Constantine accourent pour prendre part à
une grande *fantasia* qui sera exécutée le 18 sous les yeux de
Leurs Majestés. La vitesse des chevaux, les détonations de
20,000 fusils, la richesse des harnais et des costumes divers formeront un des plus curieux spectacles qui se puissent
voir.

Les israélites, autrefois traités en parias, n'ont pas oublié
qu'ils doivent leur émancipation à la France ; ils veulent témoigner solennellement leur reconnaissance. Ils offriront à
S. M. l'Impératrice un magnifique éventail, dont voici la des-
cription :

Il est en plumes blanches d'autruche ; il a de 0^m,35 à 0^m,40
de largeur. Les plumes sont fixées sur un disque en or, orné
sur sa périphérie de perles fines posées sur un fond sablé de
rubis et d'émeraudes ; ce cercle porte intérieurement des arabesques en or, de couleur diverses, émaillées de rubis, d'émeraudes et de diamants, et entre lesquelles on a placé des
chatons et des étoiles en diamants. Au centre on lit une inscription hébraïque en or rappelant 1830.

Le manche est en corail cannelé or et orné de perles fines ;
il se divise à sa partie supérieure en deux branches formées

d'arabesques entre lesquelles on a placé une couronne impériale en or. La partie inférieure est terminée par une boule en or mat, semée d'étoiles en diamants, et par un anneau orné de rubis et d'émeraudes.

L'autre face présente au centre une grosse émeraude entourée d'un double triangle formant une étoile à six pointes ornées d'arabesques en or, de rubis et de brillants. Deux cercles en perles fines, rehaussés par des arabesques en or de couleurs diverses, encadrent l'inscription suivante : *Les dames israélites d'Alger à S. M. l'Impératrice Eugénie;* 1860.

Ce magnifique éventail africain est renfermé dans un bel écrin arabe (1).

Les enfants d'Israël voulant, en outre, témoigner publiquement leur gratitude à la France, font élever au centre de la ville un arc de triomphe entièrement couvert de brocart. Ce portique, le plus riche, le plus éclatant que l'on puisse admirer, n'est pas le seul que les habitants d'Alger ont édifié en l'honneur de Leurs Majestés. Les Français, les Maures, les nègres et les Espagnols ont aussi leurs arcs de triomphe. Celui qui a été construit par les nègres doit représenter un portique de Tombouctou avec les emblèmes de l'émancipation de la race noire venue du Soudan.

Tous les préparatifs entrepris par la municipalité, les habitants et l'armée ont changé l'aspect de la ville et attiré un grand nombre de visiteurs des villes de l'intérieur. Le banquet

---

(1) Lorsque la députation de jeunes filles juives et mauresques a eu l'honneur d'être présentée à S. M. l'Impératrice, les Mauresques avaient le visage couvert, selon la loi du Prophète, et c'est à peine si leurs voiles, d'un lin éclatant de blancheur, laissaient entrevoir leurs yeux, tout à la fois doux et fiers.

L'Impératrice, voulant voir ces jeunes filles à visage découvert, a prié les officiers du service d'honneur qui se trouvaient auprès de sa personne de se retirer, et Sa Majesté est restée seule pendant quelques instants avec la gracieuse députation que lui envoyait la population indigène d'Alger.

et le bal auront lieu dans un ancien palais mauresque occupé provisoirement par le lycée. Le bal offrira un coup d'œil unique par la diversité des invités et de leurs costumes. M. le comte de Chasseloup-Laubat, ministre de l'Algérie, M. Levert, préfet d'Alger, et M. Sarlande, maire de la ville, ont présidé à tous les préparatifs.

Les chefs de tribu, les caïds des populations nomades voisines du Saharah, sont venus avec leurs brillants costumes; plusieurs d'entre eux portent la croix de la Légion d'honneur et parlent très-bien la langue française. Malgré leurs immenses richesses, ces Arabes habitent continuellement sous la tente.

Les tentes des chefs religieux, des caïds et des chérifs arabes descendant du prophète Mohammed et des Cheurfos, Arabes nobles d'origine militaire, sont fort belles.

« Il y a cinq jours, dit un témoin oculaire, j'ai passé une nuit sous la tente d'un des principaux caïds des confins de la Kabylie. C'était jour de fête. Pendant toute la nuit, on servit du café, de la bière et de l'absinthe. Tous les Arabes nobles avaient pris place à l'intérieur sur des nattes de sparterie sur lesquelles on avait étendu de longs tapis à dessins appelés *hambel.* Les autres invités, qui étaient fort nombreux, ont pris place devant la tente. Les principaux chefs portaient sous leurs burnous des gazes de soie et des mousselines maintenues par une ceinture de cuir maroquiné et brodée en or. A dix heures du soir on vit arriver deux *bito,* ou danseuses kabyliennes, ayant le visage découvert, et revêtues de costumes d'une richesse et d'une élégance qui surpassent tout ce que l'imagination peut concevoir. Les chants, les danses et le son de la flûte et du tambourin ne cessèrent qu'au lever du soleil, moment où je fus obligé de quitter l'hôte qui m'avait si gracieusement offert l'hospitalité.

« La veille, j'avais assisté à une fantasia et admiré la vigueur, la souplesse, la vitesse des chevaux arabes, et l'adresse avec laquelle les Kabyles manient et dirigent leurs fusils.

Pendant la nuit les chevaux restèrent attachés près de la tente et par les paturons, à une longue corde tendue sur le sol. »

Leurs Majestés habiteront l'ancienne demeure d'Hassa-Pacha, la maison la plus riche et la plus curieuse d'Alger.

Tout est donc prêt pour l'arrivée des augustes voyageurs.

Dès que l'escadre est entrée au port, M. le comte de Chasseloup-Laubat, ministre de l'Algérie, et M. le général de Martimprey, commandant supérieur des forces de terre et de mer, viennent prendre les ordres de l'Empereur à bord de l'*Aigle*, et, à neuf heures, a lieu le débarquement sur le nouveau boulevard de l'Impératrice, au bruit des salves des forts et des bâtiments mouillés en rade. Au débarcadère mauresque, Leurs Majestés trouvent les autorités des trois provinces et les députations des chefs les plus considérables de la colonie, ainsi que les notabilités indigènes d'Alger.

Leurs Majestés se rendent à la cathédrale et trouvent sur le parcours, artistement groupés, des escadrons de spahis, ainsi que tous les aghas et caïds à la tête de leurs goums et un nombre considérable de Kabyles, venus pour saluer l'autorité du souverain de France. La population se presse, ardente de voir Leurs Majestés, et semble heureuse et fière de cette visite si désirée, qui sera féconde en bienfaits.

A midi, Son Altesse le bey de Tunis, qui vient complimenter l'Empereur, entre en rade sur la frégate *la Foudre* ; ce prince est salué avec les honneurs dus à son rang. A son arrivée à terre, il est reçu officiellement par l'Empereur et par l'Impératrice.

Leurs Majestés vont visiter les environs pittoresques d'Alger, et un grand concert a lieu le soir au palais du gouvernement.

Le 18 au matin, l'Empereur et l'Impératrice vont poser la première pierre d'un magnifique boulevard qui va longer la mer et, en dotant la ville d'une promenade depuis longtemps désirée, créer une artère industrielle d'un grand avenir. Cette belle voie prendra le nom de boulevard de l'Impératrice (1).

La bénédiction est donnée avec une grande pompe religieuse par Mgr Pavy, évêque d'Alger, assisté de son clergé.

Un concours immense de population française et indigène, avide de contempler les traits de Leurs Majestés, donnait à cette cérémonie un caractère aussi émouvant que pittoresque.

Dans la journée, Leurs Majestés se rendent sur l'Arach, à l'entrée de la plaine de la Métidja, pour assister à la grande fête organisée par les Arabes.

Sous l'habile direction du général Yusuf, des contingents de fantassins kabyles et de cavaliers des trois provinces, tous les aghas et caïds en tête, ont été réunis pour venir rendre hommage à l'Empereur.

Après un simulacre de combat de tribu à tribu, après une *fantasia* de 9 à 10,000 cavaliers se précipitant au triple galop et déchargeant leurs armes devant la tente de Leurs Majestés, après une charge magnifique de douze escadrons de spahis traversant la plaine comme un ouragan ; après des joutes, des chasses à la gazelle, à l'autruche, au faucon; après le défilé des Touaregs à la face voilée, montés sur leurs chameaux, et des Chambaa, ces habitants des profondeurs du désert, convoyeurs futurs de notre commerce avec le Soudan ; après, en-

(1) On écrit d'Alger :

« Le matin, à dix heures, a eu lieu la pose de la première pierre du boulevard de l'Impératrice. Les colons algériens regardaient cette cérémonie comme l'acte le plus important du voyage de Leurs Majestés ; c'était pour eux le symbole d'une ère nouvelle. Ce boulevard, magnifique construction qui ne comptera pas moins de douze cents mètres d'arcade, à la fois dock, rempart et promenade, est le premier grand travail entrepris en Algérie par l'industrie privée. L'Empereur, voulant l'inaugurer, montrait quelle importance il attachait à ce premier résultat. A quelques pas des tribunes, une locomotive, rappelant des travaux plus considérables encore, ajoutait à l'éloquence de la fête. »

fin, le spectacle le plus splendide qui puisse être donné sur la terre d'Afrique, tous les goums, formant une immense ligne de bataille, se rapprochent majestueusement, fusil haut, bannières déployées, de l'éminence sur laquelle est dressée la tente de l'Empereur.

Alors, les chefs aux burnous éclatants mettent pied à terre et viennent, tous ensemble, présenter le cheval de *gaada* tous caparaçonné d'or, et faire acte de soumission au souverain de la France. A ce moment, rendu solennel par la grandeur du théâtre et par l'aspect guerrier de ces ennemis d'hier dont la longue résistance a glorifié nos armes, l'Empereur ne peut se défendre d'une émotion visible (1).

(1) Nous empruntons au *Journal des Débats* la narration intéressante qu'il a publiée de cette fête.

« Parmi toutes les fêtes offertes à l'Empereur, la plus intéressante à coup sûr, celle qu'on n'avait jamais vue et qu'on ne reverra jamais, c'était la fantasia des goums venus des quatre coins de l'Algérie.

« L'Empereur et l'Impératrice, suivis de près par le bey de Tunis, partirent d'Alger à deux heures dans une calèche conduite par la poste impériale, traversèrent les belles allées de palmiers et de bananiers du Jardin d'Essai, puis longèrent la mer par la route d'Hussein-Bey. Un peu avant trois heures, Leurs Majestés arrivaient à la tente qui leur avait été préparée. Cette tente, véritable tente du désert, en poil de chameau, rayée de gris, de brun et de noir, meublée et ornée à l'arabe, était située sur l'étroit plateau d'une colline au pied de laquelle s'étendait la vaste plaine où devaient s'exécuter les mille scènes de la fantasia.

« Avant que les fougueux acteurs l'eussent envahi, nous avons pu examiner le théâtre de l'action. Il était splendide : à l'horizon, un cercle de collines brûlées, ouvertes çà et là de sai-

6

Son Altesse le bey de Tunis assiste à cette imposante solennité.

Mais, voici que cet heureux et triomphant voyage va être troublé par de funestes nouvelles.

Le soir la ville offre un grand bal à Leurs Majestés. L'Empe-

gnées écarlates, semées de koubas d'une blancheur éclatante et partout garnies de tentes, de drapeaux, de cavaliers, de fusils étincelants au soleil ; à gauche, derrière ce premier rang de collines, les montagnes de la Kabylie, d'un bleu sombre à veines noires ; au-dessus de nos têtes un ciel pâle, presque blanc à l'horizon, d'une finesse, d'une légèreté, d'une transparence inconnues dans nos pays du nord ; à nos pieds, la plaine calcinée par l'été, laissant voir pourtant çà et là quelques oasis de buissons verts ; sur tout cela un soleil merveilleux, une lumière d'Orient.

« Un programme ingénieux avait réuni toutes les scènes de la vie nomade. Nous allions voir les livres du général Daumas et de M. de Chancel mis en action, le désert, en un mot, passant sous nos yeux en tableaux rapides.

« On vit d'abord s'avancer sur la droite de longs troupeaux de bœufs et de moutons conduits par des bergers, des chameaux chargés de grains, d'outres pleines d'eau et de toutes les provisions de voyage ; d'autres les suivaient portant des marchandises ; sur d'autres enfin se balançaient les attatichs de soie brodée, garnies de bouquets de plume d'autruche. Une troupe de cavaliers ferme la marche. Des enfants courent d'une bête à l'autre, les piquant de leur bâton pointu. Un chef, le *kébir*, surveille tout. L'aigre musique arabe, soufflant sans relâche, marche sur les flancs du convoi, qui représente une caravane portant des étoffes, de la poudre, des armes, du tabac, à R'at, à R'dames ou au Touat, pour les y échanger contre l'ivoire, la poudre d'or et les esclaves du Soudan.

« A peine la caravane s'est-elle avancée aux deux tiers de la plaine qu'un parti d'ennemis ou de voleurs sort d'un bouquet de bois, se précipite sur elle en poussant de grands cris et en fai-

reur seul y assiste. L'Impératrice, sous le coup de la douleur que lui cause l'état alarmant de sa sœur, madame la duchesse d'Albe, n'accompagne point son auguste époux.

Le 19, Leurs Majestés assistent à une magnifique revue des

sant un feu très-serré. La confusion se met dans les rangs de la caravane. Les chameaux, qui prennent la chose au sérieux, courent de tous côtés en agitant leur grand cou d'un air effaré. Les troupeaux se dispersent; enfin l'ordre se fait et la résistance s'organise, les cavaliers se précipitent sur l'ennemi, répondant avec une même ardeur à ses coups de feu et à ses vociférations. Les balles et les injures homériques pleuvent en même temps. Pendant ce temps les troupeaux, les chameaux chargés d'attatichs, ceux qui portent les provisions ou les marchandises se sont massés à quelque distance du combat. La musique redouble de force et les femmes excitent les combattants de leur infatigable *you you!* Les cavaliers repoussés reviennent près des attatichs. Les femmes leur reprochent leur lâcheté, les injurient, leur disent qu'ils sont des chiens, des juifs, fils de juifs et autres aménités de ce genre. Ils reforment leurs rangs et reprennent l'offensive. En ce moment, on entend la fusillade sur la gauche, et l'on voit un groupe important de cavaliers arriver au galop. C'est une tribu amie qui vient au secours de la caravane. Pendant que ces nouvelles forces tiennent tête aux assaillants, les cavaliers se replient vers leurs femmes, leurs marchandises et leurs troupeaux, ils les font vivement filer devant eux. Le désordre de cette fuite, ces animaux effarés, ces attatichs violemment balancés, vous pouvez avoir de tout cela une exacte idée, en vous rappelant la *Prise de la Smala*, d'Horace Vernet. Les femmes étant mises en sûreté et cachées par un pli de terrain, les cavaliers reviennent sur les ennemis par une charge furibonde. Ils auraient raison cette fois des assaillants, si ceux-ci n'avaient eux-mêmes reçu l'appui d'une tribu alliée. C'est alors une mêlée générale : les *chélifs*, housses de soie semées de pail

troupes des trois provinces, assemblées pour les circontances.

Le bey de Tunis, après la revue, prend congé de Leurs Majestés et retourne à Tunis.

lettes d'or, qui tombent sur la croupe des chevaux, les drapeaux, les burnous, les heicks, toutes les draperies de couleurs éclatantes flottent au vent ; les musiques font rage, les chevaux envoient vers le ciel des nuages de poussière et les fusils des globes de fumée bleue qui s'élèvent sans se dissiper ; c'est un bruit à rendre sourd, un mouvement de couleur à aveugler : ils sont heureux ! Cette scène est finie et d'autres doivent commencer. Le général Yusuf, qui de loin dirige cette fête, envoie en vain ordre sur ordre à leurs chefs : les fous sont lancés, on ne peut les arrêter. La musique, les cris et les coups de feu ne se ralentissent pas un instant; il faut attendre que les munitions soient épuisées. En auraient-ils pour huit jours, la fantasia durerait huit jours sans relâche.

« Lorsque le combat, dans lequel figuraient des goums des trois provinces, cessa enfin, les principaux cavaliers de chaque goum vinrent se ranger sur la route qui longeait la colline où s'élevait la tente impériale, pour faire la fantasia proprement dite. Je ne m'y arrête pas : on vous a cent fois décrit cette course folle de quatre ou cinq cavaliers lançant leurs bêtes à toute vitesse, les maintenant de front comme l'attelage d'un quadrige, déchargeant leur fusil, les lançant, les reprenant, puis revenant sur leurs pas et recommençant toujours avec le même plaisir, avec la même ardeur, aussi longtemps que dure la poudre.

« Puis ce fut le tour des Beni-Mzabs, venus de leur lointaine oasis pour cette fête, les chefs seuls à cheval, coiffés du *medol*, ce gigantesque chapeau de paille garni de plumes d'autruche; les autres, jambes nues, bras nus, vêtus d'une simple chemise de toile plus courte que celle des Kabyles et la tête emmaillotée d'une sorte de grossier turban. Eux aussi, ils font leur fantasia,

L'Empereur, le soir, assiste au banquet que lui donne la ville, et y prononce un discours consacré à l'examen des diverses questions qui se rapportent aux intérêts de la colonie.

Avant de s'éloigner de la côte d'Afrique, l'Empereur, aux

courant presque aussi vite que des chevaux, riant, criant comme des enfants, se poursuivant et se déchargeant leurs armes à bout portant.

« Les Touaregs eux-mêmes, qui entretiennent maintenant des relations suivies avec les points extrêmes de notre territoire, mais qu'Alger n'avait pas revus, croyons-nous, depuis l'ambassade de 1855, les Touaregs ont figuré dans la grande fête du 18. Nous les avons vus passer avec leur face voilée de noir, leurs rmes sauvages, longue pique et bouclier, leur poignard en croix et leur croix sur la poitrine, montés sur leur mehara, que des chevaux au galop avaient peine à suivre.

« Nous avions eu jusqu'ici des épisodes de la guerre d'escarmouche; une magnifique charge de spahis au galop vint nous donner une idée de la grande guerre d'Afrique. On ne saurait rien imaginer de plus beau. Ils se précipitèrent sur deux rangs serrés, compactes, alignés comme s'ils eussent été au repos, soulevant derrière eux une nappe de poussière qui, dans toute la largeur de la plaine, s'enlève sur une ligne droite; puis se détachent, se dispersent non sans une certaine symétrie et toujours à même distance, comme les pièces d'un échiquier, embrassant toute la plaine qu'ils traversent à bride abattue.

« Après la guerre vinrent les plaisirs du désert, c'est-à-dire la chasse, puis la chasse, et encore la chasse, chasse à l'autruche, chasse à la gazelle et chasse au faucon. Pendant que ces différentes scènes se succédaient, les 6 ou 8,000 Arabes qui avaient pris part à la fête se rassemblaient et se rangeaient au pied de la colline où était plantée la tente impériale. L'Empereur et l'Impératrice s'avancent jusqu'à la lisière du plateau. Alors des députations formées des plus grands chefs de chaque province mon-

témoignages publics de sa munificence, a daigné ajouter un bienfait particulier. Sa Majesté accorde une somme de 500 francs, prise sur sa cassette particulière, à la mère du sergent Blandan, tué à Beni Mered, en 1842. C'est en escortant la

tent jusqu'à eux, et leur baisent les mains. Les quatre plus grands personnages de chaque députation leur offrent un cheval magnifique et superbement harnaché, puis l'un d'eux fait un long discours où il proteste du dévouement de tous ses frères pour le sultan Napoléon. Parmi les chefs qui tenaient la bride ou les étriers des chevaux de gaada, j'ai remarqué les plus grands noms arabes de l'Algérie, Sidi-Taribi, Si-Hamza, Bou-Akkas, Bou-Halem, Ben-Ganah, Si-Taharnen-Mahi-Eddin, etc.

« Les députations des goums arabes se retirèrent en poussant un cri ; celles des Kabyles devaient leur succéder, prononcer un discours et jeter aux pieds de l'Empereur le fusil de soumission Mais toute la foule kabyle voulut suivre ses chefs et escalada la colline avec eux. On essaya de les arrêter, ce ne fut pas possible. Ils vinrent ainsi jusqu'à trois pas de l'Empereur et de l'Impératrice et voulaient monter plus près encore. Les zouaves de service entèrent encore une fois d'arrêter le flot : « Zouaves, retirezvous, » dit l'Empereur en souriant, et les Kabyles s'approchèrent autant qu'ils voulurent. Alors ils s'installèrent à leur aise, les premiers rangs s'asseyant pour que les derniers pussent voir, tous ouvrant des yeux gigantesques. Quelles têtes et quels costumes de sauvages! Presque tous avaient une longue chemise pour tout vêtement, et quelle chemise! aussi sale que leurs fusils étaient propres et luisants! Leur peau noire et tannée comme le cuir d'une vieille selle s'en détachait à peine. Malgré cela ils faisaient plaisir à voir. Autant les Arabes avaient été sérieux, solennels, respectueux, autant les Kabyles étaient gais et sans gêne. Pendant que leur chef, Si-Mohammed ou Kassi portait la parole, ils riaient, se communiquaient tout haut leurs réflexions, et leur air e bonne humeur faisait rire tout le monde. Le discours fini, ils

correspondance de Bouffarick à Blidah que le sergent Blandan, du 26ᵉ de ligne, fut attaqué par un goum d'environ 300 Arabes.

Sur 22 hommes dont se composait le détachement, 13 furent tués et 5 blessés.

poussèrent une longue acclamation dans laquelle je distinguai les mots de *Maisti Sultan;* puis on voulut les faire partir, mais on n'y réussissait guère mieux qu'on n'avait réussi à les arrêter. Ils s'échappaient, glissaient entre les soldats qui les repoussaient, et venaient baiser la main de l'Empereur, ou ses genoux, ou ses pieds. Tous voulaient en faire autant et réclamaient de l'air le plus sérieux du monde : « Un tel a baisé la main du Sultan, « pourquoi ne le ferais-je pas? est-il plus que moi? » Quelques-uns venaient adresser une demande ou adressaient même des pétitions écrites. L'un demandait la mise en liberté de son frère, retenu en prison pour cause criminelle; un autre sollicitait la grâce d'un ami; un troisième demandait, en raison de ses bons services, de ne plus payer d'impôts, etc. J'aurai toute ma vie sous les yeux ce spectacle étrange de l'Empereur ayant l'Impératrice à ses côtés et toute sa maison derrière lui, aussi calme qu'il peut être à la salle des maréchaux un jour de gala, souriant de cet appareil bizarre, mais en paraissant à peine surpris, laissant prendre sa main par toutes ces mains noires, écoutant les suppliques les plus absurdes avec cette grave patience que le dernier Arabe attend du plus grand chef, y répondant quelques mots; et, quand il ne pouvait satisfaire les demandeurs, s'en débarrassant avec quelques pièces d'or. Cette scène imprévue et qui fut à coup sûr la plus intéressante de la journée dura fort longtemps. Quand elle fut terminée, le fond de la tente impériale s'ouvrit et Leurs Majestés aperçurent une troupe de serviteurs apportant la diffa, le couscoussou et les fruits dans d'immenses plats de bois, les moutons tout rôtis embrochés sur de longues gaules qu'ils tenaient droites.

La conduite de Blandan fut celle d'un héros ; malgré trois blessures, il ne cessa de commander le feu et d'engager ses hommes à la résistance la plus désespérée.

Transporté à Bouffarick, Blandan mourut le lendemain, en-

« A quelques pas on apercevait les tentes d'un douar. Des femmes accroupies y tissaient l'étoffe grossière avec laquelle se fait la maison de poil, d'autres broyaient le grain ou se livraient aux autres fonctions du ménage nomade, où l'industrie de la femme doit suffire à tous les besoins de la vie. Au milieu du douar, le maître d'école faisait la leçon à des enfants. Le tableau était complet. L'Impératrice devait, disait-on, aller au douar et y faire une distribution de riches cadeaux aux femmes des grands chefs et de jouets aux enfants. Nous ne croyons pas que cette partie du programme ait été exécutée.

« Au retour, les goums s'étaient rangés en lignes pour saluer une dernière fois l'Empereur. Tous étaient là, Arabes, Kabyles, Mozabites. Toutes les races qui se partagent le sol de l'Algérie ont donc vu l'Empereur, toutes ont pris part à cette fête mémorable ; soyez sûr qu'elle fera sur leur esprit une inaltérable impression, qu'elle sera plus d'une fois racontée par eux aux soirées du douar, et que dans leur imagination féconde, dans leur langage poétique elle prendra des proportions fabuleuses. Les Touaregs mêmes, ces messagers du désert, étaient là ; par eux le souvenir de cette fête s'étendra au loin, et qui sait si quelque caravane n'en ira pas un jour ou l'autre porter le récit à ceux de nos compatriotes qui vivent de l'autre côté du Sahara ?

« J'oubliais de vous dire que, par un calcul adroit ou un heureux hasard, le service de la fête était fait par les tirailleurs indigènes. L'Empereur avait déjà été reçu en arrivant en Algérie par les matelots indigènes, qui forment dès aujourd'hui la moitié de l'effectif de la station navale.

« On arriva à Alger à la nuit. La ville, qui est splendidement illuminée tous les soirs pendant le séjour de l'Empereur, com-

touré de ses camarades et des officiers du régiment, accourus
de Douhéra pour dire un dernier adieu à ce jeune sous-offi-
cier, qui avait si noblement soutenu l'honneur du drapeau du
26ᵉ. Les anciens soldats conservent pieusement le souvenir de
celui qui ajouta une si belle page aux glorieux exploits de ce
brave régiment.

Ainsi s'achève la mémorable tournée de Leurs Majestés.

L'Empereur a quitté la ville d'Alger à onze heures. Tous
les habitants l'ont accompagné jusqu'au lieu d'embarquement, et l'ont salué avec un enthousiasme difficile à décrire.
Lorsque Sa Majesté eut pris place dans le canot de la *Gloire*,
une fusée partie du fort de la Casba, qui domine la ville,
donna le signal de l'adieu qu'on avait préparé à Leurs Majestés. Alors la ville, qui était brillamment illuminée, fut
subitement éclairée par mille feux de Bengale qui lui don-
nèrent l'aspect le plus féerique, et les forts commencèrent
leurs saluts. Les feux d'artifice qu'on tirait sur les hauteurs
et qui éclairaient toute la ville et le port, le bruit de cent
pièces de canon, les fusées qui brillaient au sommet des
mâts des navires, la brillante illumination qu'on avait dis-
posée sur tous les bâtiments situés dans le port, les feux de
charbon de terre qui étincelaient sur toute la largeur des
jetées, et les acclamations de cent mille personnes massées
sur les quais, les remparts, les terrasses des maisons et sur

mençait à éclairer les terrasses de ses maisons, les dômes et les
minarets de ses mosquées. On n'eut que le temps de secouer la
poussière épaisse de la route pour se rendre au bal offert par la
ville dans la cour du lycée.

« Les grands chefs arabes, le fils du dernier dey d'Alger, le
prince Mustapha, enfin la galerie en arcade du premier éta
entièrement garnie de juives, dont les corsages dorés formaien
autour de la salle un cercle éblouissant, c'est tout ce qu'une
foule épaisse nous permit de remarquer. »

les navires, ont offert le plus beau spectacle qu'on puisse admirer pendant la nuit. Les canons résonnaient encore lorsque la *Gloire* apparaissait en dehors de la jetée.

Le 21 septembre au soir, les souverains abordent à Marseille.

Le 22, à onze heures du matin, elles rentrent au palais de Saint-Cloud.

FIN.

www.ingramcontent.com/pod-product-compliance
Lightning Source LLC
Chambersburg PA
CBHW052125090426
42741CB00009B/1956